CON EL CORAZÓN DIVIDIDO: DE CROACIA A SURAMERICA Y DE SURAMERICA A CROACIA. MIGRACIONES, DIÁSPORAS Y TRANSNACIONALISMO. HISTORIAS DE VIDAS.

SA ODJELJENIM SRCEM: OD HRVATSKE DO JUŽNE AMERIKE I OD JUŽNE AMERIKE DO HRVATSKE. MIGRACIJE, DIJASPORA I TRANSNACIONALIZAM. ŽIVOTNE PRIČE.

PROYECTO DE INVESTIGACIÓN
Métodos y técnicas de la investigación antropológica
(Antropología Social y Cultural)

Ana Salvago Benitez
Septiembre 2015

a mi padre.

1. Introducción.

Podemos afirmar sin miedo a equivocarnos, que la Historia de la Humanidad es la Historia de los movimientos de población. Distintos grupos de población se han desplazados por diferentes motivos: económicos, políticos, militares, religiosos, desastres naturales; huyendo de situaciones violentas, desplazamientos forzados o no.

Migrare significa movimiento en latín. Emigrar, Inmigrar, sus derivados sustantivos y adjetivos, en sus dimensiones demográficas y sociales, son términos utilizados solo recientemente, al hilo del desarrollo de disciplinas de reflexión histórica, social y política. Los desplazamientos y cambios de residencia de grupos humanos de unas zonas a otras han sido constantes desde la remota prehistoria. Nomadismos, invasiones, peregrinajes, expediciones comerciales y colonizaciones han construido el mundo que conocemos.

Nuestro trabajo va a versar sobre la construcción de la identidad dentro del marco de las migraciones. Vamos a investigar la historia de los desplazamientos que tuvo lugar en Croacia, en concreto los de su población de la capital, Zagreb a todo el continente sur americano. Croacia, históricamente ha sufrido tres fuertes olas de emigración y las tres por diferentes motivos; la primera antes de 1910, la segunda entre 1910 y la terminación de la I Guerra Mundial y la tercera después de la II Guerra Mundial (1947-1950)

Nuestro estudio, se va a basar en intentar descubrir las herramientas que utilizaron los emigrantes croatas en Suramérica, para conservar su identidad (si la conservaron o se asimilaron), y los mecanismos de transferencia de la identidad cultural a sus descendientes, y como estos descendientes que viven en la actualidad en Croacia, concretamente en Zagreb, reconstruyen su identidad en su nuevo contexto social. Intentaremos averiguar si forman o no identidades múltiples e híbridas, identidades derivadas de vivir en dos realidades simultáneamente, tanto la de su país natal, como la de su país de origen (transnacionalismo). Analizaremos los procesos de adaptación de los migrantes retornados y los motivos que les llevaron a volver a la patria de sus ancestros y también, la visión que tienen los croatas de ellos y si el gobierno a través de su política exterior ayuda o no a su integración.

Para abordar esta investigación, el primer paso será delimitar el marco teórico del que partiremos. Hemos convenido establecer dos partes coordinadas, interconectadas y dotadas de continuidad para este marco teórico. La primera, abordar lo que tiene que decir la antropología con nuestro tema de estudio y la segunda, hacer un mapa histórico para situar y delimitar nuestros sujetos de estudio.

1ª Partir de los conceptos y teorías de la antropología y sociología sobre identidad, diáspora, y transnacionalismo. Para ello nos basaremos en lecturas e ideas de autores tales como Manuel Castell, Bergen y Luckmann; Giddens, Barth y Anderson.

2ª De la historia de las migraciones de Croacia y los retornados.

Partimos de la base de que la identidad étnica está en gran parte "construida". Las identidades son ambiguas, esta ambigüedad está conectada con una historia y un contenido cultural que es negociable. Si reducimos la existencia de una comunidad a la simple aparición de unos aspectos culturales que son compartidos, una vez cambie tal cultura, hemos de convenir que dicha comunidad deja de serlo. Lo importante no es la cultura en sí, sino los límites culturales y su aspecto relacional, ya que la cultura no es cerrada ni estática, es cambiante. Entenderemos que la etnicidad, está fuertemente esencializada como una cualidad de los individuos que se perciben como tal o son percibidos por los otros como parte de una comunidad, por tanto, la etnicidad hace referencia a aspectos relacionales entre colectivos. Por ello, al desarrollar la investigación tendremos que estar pendientes de los discursos para tratar de descubrir aspectos importantes y algunas veces inconscientes que nos proporcionarán la clave para entender a nuestros informantes.

Entendiendo la identidad, parafraseando a Berber y Luckmann, como "un fenómeno que surge de la dialéctica entre el individuo y la sociedad" (Berger y Lukman, 2001), es por tanto relacional también. La interiorización de la pertenencia a un determinado colectivo se hace sobre la base simbólica de creer compartir un conjunto de rasgos, que son cambiantes e incluso negociables.

Este proyecto de investigación nace del interés personal. Gracias a una beca concedida por la Universidad de Sevilla, (Erasmus practicas Plus), tuve la oportunidad de vivir durante cinco meses en la capital de Croacia, Zagreb. La beca fue, para hacer un periodo de prácticas como profesora de español en un colegio de primaria, enseñando la lengua y la cultura española tanto a los alumnos del colegio como a los profesores y padres de alumnos.

La idea inicial que tenía para mi proyecto de investigación de antropología, era sobre la educación, ya que iba a poder participar en su sistema educativo activamente, pero después de unas semanas viviendo allí y a través de mi compañera de piso, (madrileña de padre croata), me pude dar cuenta del gran número de jóvenes suramericanos que vienen a estudiar la lengua croata. Poco a poco pude ir enterándome que el gobierno croata concede unas becas de curso de idioma + alojamiento + comida, durante todo el curso anual, (CROATICUM), a todos los que demuestren ser descendientes croatas. Un gran número de descendientes, sobre todo de los países suramericanos, vienen a conocer la cultura de sus ancestros desde el año 1990, gracias a una campaña política del gobierno croata que los anima a venir.

Poco a poco, fui interesándome más en este grupo. Tenía gran curiosidad por saber los motivos que les empujaba a venir a este pequeño país y estudiar una lengua tan complicada. Me interesaba el nivel de inserción que podrían tener en la sociedad croata, como cuánto de "croata" podría tener un argentino, chileno o peruano, aparentemente tan diferentes.
Sopesando los pros y los contras y sabiendo que iba a estar por un periodo corto de tiempo en la ciudad, decidí cambiarlo. La entrada a el campo en el segundo tema me sería más fácil, al tener el contacto de mi compañera de piso que me podría introducir en su círculo, y sobre todo por el idioma, porque aunque los croatas la gran mayoría hablan inglés fluido, en el primer tema me iba a llevar más tiempo en integrarme, porque no es lo mismo expresar ideas en tu lengua materna que en una segunda lengua.

Creo que es un tema muy interesante de estudio, tanto porque es un tema de actualidad, debido a los grandes movimientos migratorios que se están produciendo en el mundo por la crisis global que hay y también, por la nueva forma de relacionarnos que tenemos actualmente, nos relacionamos globalmente. A través de la era de la tecnología, parece que el mundo se haya empequeñecido y que prácticamente podamos vivir dos realidades a la vez.

Vamos a intentar conocer mejor a esta cultura, las peculiaridades históricas que tiene el pueblo croata, historia de invasiones, guerras, emigraciones..., que han contribuido a la creación de la estructura social e identidad croata. Con un estado nación creado recientemente con una moderada pero preocupante densidad de población, y como, sus descendientes vuelven a la tierra de sus antepasados con otra identidad, y veremos cómo reconstruyen su nueva identidad en su nuevo contexto social, pero siempre con lazos de unión con su nación natal.

2. Definición del problema de Investigación.

En la tarea investigadora que nos encontramos, ya lo adelanta Bourdieu, en su obra fundamental El oficio de sociólogo, cuando recuerda palabras de Saussure: "El punto de vista crea el objeto" (Bourdieu, 1991). El problema de investigación no existe en la realidad, sino que es un constructo teórico.

Nuestro estudio, va a ir dirigido a la construcción de la identidad en el contexto de las migraciones. En concreto nos interesa ver los mecanismos que utilizaron para la conservación de su identidad dentro de una nueva cultura. Su adaptación, su aprendizaje social con los nuevos códigos de conducta, y las herramientas que utilizaron para transmitir su cultura de origen a sus descendientes, tanto en las esferas pública como privada. Con respecto a la esfera pública, averiguaremos si vivían agrupados en barrios, si se crean asociaciones, clubes, eventos sociales. En la esfera privada averiguaremos los modos de conservación de la identidad en el dominio del hogar.

Intentaremos dar respuesta a la pregunta que nos hacemos, de los motivos por los que sus descendientes retornan a la patria de sus ancestros, y en que consiste este proceso. Analizaremos las características de estos emigrantes retornados según nacionalidades y la generación que emigra. También veremos si tuvo importancia en su elección, la importancia de la red de familiares y amigos que ya habían emigrado antes, (capital social de Castell), buscaremos examinar la creación simbólica y transformación de las fronteras de la comunidad social en el nuevo espacio. Teniendo en cuenta la teoría de la creación de relaciones y sistemas sociales, el acento lo pondremos en el rol de las redes creadas por lazos de parentesco y de amistad, es decir los procesos de creación de nuevo capital social.

Pretendemos mostrar comparativamente estas dos migraciones, de Croacia a Suramérica y la emigración de retorno a Croacia. Asimismo, dar cuenta de procesos intercontinentales de translocalidad, especialmente la vida en interespacios y la participación paralela de eventos. Estos procesos se definen, como procesos que para los migrantes establecen y mantienen múltiples relaciones sociales, que enlazan la comunidad de origen y la comunidad de destino. Un elemento clave del transnacionalismo, son los múltiples modos a través de los cuales se participa simultáneamente en las dos comunidades.

Queremos analizar también, los cambios y transformaciones, de distintos aspectos de la identidad según el ambiente en que el individuo reside, teniendo en cuenta especialmente, si esto deriva en la creación de identidades múltiples e híbridas. El foco estará dirigido, a las prácticas transmateriales de pertenencia y existencia, en especial, la importancia de los objetos materiales para sentirse como en casa, como también analizaremos como factor esencial en esta época, la importancia de Internet y en concreto de las redes sociales, como herramienta para conectarse entre dos mundos y la utilización que hacen de ellas, para mantenerse informados constantemente, tanto con sus familiares y amigos como de la actualidad política, económica y social .

3. Unidad de Análisis/ Unidad de Observación

Nuestra unidad de análisis se refiere al problema teórico que se va a estudiar y la concreción del mismo. En todo trabajo de investigación se deben marcar los límites que nos conduzcan intencionadamente a alcanzar los objetivos planteados, y podemos decir, que con este estudio del caso, se pretende analizar y verificar, dentro de nuestros márgenes temporales y experienciales en el campo antropológico, las pautas de comportamiento y herramientas de transmisión de identidad, tanto de los emigrantes croatas, como después sus emigrantes suramericanos retornados dentro del contexto de la globalización.

Como ya se ha dicho, en nuestro caso lo que queremos investigar es la construcción y reconstrucción de la identidad. Analizaremos el concepto de identidad, como punto de partida para entender mejor este proceso de construcción y reconstrucción de identidad. Veremos las técnicas que utilizan y su función simbólica como herramienta de conservación de identidad.

Un punto muy importante será, analizar las redes sociales como un medio fundamental de forma de contacto en dos realidades al instante.

Unidad de Observación: trata sobre el lugar de estudio, contextos en los que se desarrolla la investigación, y el momento en el que nos vamos a centrar.

La emigración de los descendientes croatas de Suramérica abarca todo el país croata, pero por motivos de tiempo me centraré en la capital Zagreb, al ser la capital donde se concentra mayor número de retornados.

En concreto, vamos a introducirnos en el círculo de los estudiantes descendientes croatas, que vienen al país a través de la beca Croaticum, concedida por el gobierno para estudiar la legua y cultura del país.
A través de mi compañera de piso, que actualmente tiene una relación sentimental con un descendiente croata de nacionalidad venezolana, tengo la oportunidad de poder conocer mejor a este grupo, ya que es uno de los beneficiarios de esta beca y lleva en Croacia unos 9 meses. La unidad de observación la enfocaremos, en la forma que tienen de relacionarse entre ellos y con la sociedad croata. Pretendemos conocer su día a día, costumbres, gustos, escuchar conversaciones...

Acudiremos a diferentes actos y eventos tanto de ámbito público como privado que estén relacionados con la cultura suramericana, para ver si los retornados mantienen relación con su país de origen, si los usan como herramienta de reunión entre ellos, para conocer a los nuevos que vuelven y la forma que tienen de comportarse en estos eventos.

En esta misma línea, nos interesa también la población visitante, e incluso la local, para conocer el grado de interés por este tipo de evento y por ende de la cultura suramericana. Observaremos la forma que tienen de relacionarse entre ellos, para lo cual nos desplazaremos y nos integraremos en los espacios de socialización de las mismas, para también tener una visión más amplia de cómo ven los croatas a los retornados y como los retornados se relacionan entre ellos.

Para ello tomaremos como referencia tres focos diferentes de observación:

1. Los espacios socializados de ámbito latino, como

clubes de salsa, cafés, restaurantes.

2. Distintas asociaciones, fundaciones y organismos públicos, que   n promuevan el contacto entre estas dos culturas. Veremos la política de migración que tiene Croacia y la consideración que le dan a los retornados. Hemos encontrado de momento los siguientes organismos:

- Oficina de los croatas fuera de la República de Croacia.
- Fundación para la emigración.
- Sociedad Hispano – Croata.
- Organización Udragaos.

3. Las redes sociales, como medio imprescindible de comunicación dentro del marco de la globalización. Observaremos como gracias a las nuevas tecnologías, mantienen el contacto estas dos poblaciones a miles de kilómetros. En concreto vamos a analizar, de la red social de Facebook dos grupos:

- *Croaticum 2015–2016:* Grupo creado para informar a los aplicantes y estudiantes elegidos para el programa Croaticum 2015 – 2016. Analizaremos los intereses, emociones y dudas antes de llegar a Croacia.
- Descendientes de Croatas en Suramérica: analizaremos lo que publican, cómo interactúan sus miembros, la actualidad del país y como son percibidos por sus miembros.

4. Marco Teórico.

En la aproximación teórica que hemos hecho para la justificación de nuestra investigación, nos hemos encontrado, con un importante número de análisis del concepto de identidad, que profundizan en los principales pilares teóricos en los que se fundamenta nuestro estudio. Para construir nuestro marco teórico o de referencia, en el que contextualicemos nuestro problema de investigación científico, hemos hecho una revisión de dicha literatura, que nos ha llevado a analizar y exponer aquellas teorías, enfoques teóricos y/o investigaciones, que consideramos válidos para el correcto encuadre de nuestro trabajo.

Lo que aquí se pretende analizar de manera científico-social, encuentra sus principales referencias y justificaciones teóricas, en básicamente tres teorías que dan apoyo justificativo a nuestro problema de investigación, como son:

1. Teoría sobre la identidad, etnicidad y construcción de las identidades culturales.

2. Teoría de la migración. Concepto de Diáspora.
      2.1 Historia de la migración Croata.
      2.2 Diáspora Croata .

3. Globalización. Transnacionalismo.

4.1. Teoría de la Identidad. Etnicidad y Construcción de las identidades

El concepto de identidad, ha sido siempre central en Antropología. Pero fue sobre todo en la década de los setenta, cuando empezó a configurarse como concepto clave en las Ciencias Sociales, a partir del proceso de descolonización. Se produce también, un cuestionamiento de las identidades de sexo, que van a buscar una redefinición del concepto de mujer, así como un cuestionamiento de la identidad estatal, todo unido con los procesos migratorios que comienzan en esa época, creando problemas en torno a la identidad "estatal". En 1977, Levi Strauss, en *Sobre la identidad*, considera que la moda de la identidad es el verdadero problema, cajón de sastre donde cabe todo y que a veces es más una herramienta política o ideológica, que un concepto teórico útil. Afirma que el *yo* no existe, sino que es un proceso de construcción desde el presente, que puede dar lugar a manipulaciones. Para muchos autores, la posición de Levi Strauss es demasiado extrema, porque si realmente la identidad es una herramienta ideológica, no debe escapar al análisis de las Ciencias Sociales, y porque, independientemente de lo que se piense sobre la identidad personal, las sociedades se estructuran con la creación de una identidad colectiva. De esta forma, en los ochenta y noventa, se determinaron los factores que delimitan la identidad sociocultural. En estas dos décadas, se proponen desde diferentes corrientes, factores como la clase social, el sexo, la edad, la religión, la sexualidad, etc., que estructuran la identidad simbólica.

La cultura es capaz de transformar identidades individuales en identidades sociales. J.W. Lapierre, sostiene que el auge del estudio de las identidades, es consecuencia, de la emergencia de los movimientos sociales que han tomado como pretexto la identidad de un grupo, (étnico, regional, etc.) o de una categoría social, (movimientos feministas, por ejemplo), para cuestionar una relación de dominación o reivindicar una autonomía. "En diferentes puntos del mundo, los movimientos de minorías étnicas o lingüísticas, han suscitado interrogantes e investigaciones sobre la persistencia y el desarrollo de las identidades culturales", (Lapierre. 1984: 197). Para Carmelo Lisón Tolosada, "el concepto de identidad, apunta simultáneamente a una de las experiencias más íntimas y primarias, y se refiere también a una de las configuraciones más colectivas y culturales de nuestra existencia. La conciencia del yo, se hace posible, se adquiere y se conoce, en la alteridad, por el reconocimiento del otro, como se viene repitiendo desde Hegel; mucho de lo que está fuera de nosotros, pertenece a la esencia del yo. La conjugación pronominal yo-tu-él, la presencia del alter ego en el yo, o en una palabra, la yoidad y la otredad, son categorías lógicas que mutuamente se implican, y que por tanto son inseparables". Para él, "identidad pretende ser el significante de la diferencia, de lo que subsiste y singulariza, signo de lo particular pero permanente. El determinante geográfico-espacial, es uno de los más importantes, antiguos y permanentes indicadores y coeficientes de identidad. Actúa como la roca dura e inamovible del entorno, pero en el pasaje espiritual, (...) la casa patriarcal y el valle, el barrio y la tradicional fiesta local, realzan, subliman, simbolizan, (...) la identidad, como otras muchas clasificaciones y distinciones mentales, es una categoría mixta, bifronte, al menos presenta una cara objetiva y otra subjetiva". (Lisón Tolosada, Carmelo. 1977:9-24).

Para Hobsbawm, la pertenencia a algún grupo humano, es siempre una cuestión de contexto y definición social por lo general negativa, —es decir, se especifica la condición de miembro del grupo por exclusión—. Así, entiende que identificarse con alguna colectividad, significa dar prioridad a una identificación determinada sobre todas las demás, puesto que en la práctica, todos somos seres multidimensionales. No hay límite para el número de formas en que una persona puede describirse a sí mismo, ya que esta dependerá de cuál sea el propósito de resaltar esa identificación, sin que ello suponga en ningún momento, excluir a las demás, (Hobsbawm 1994). Habermas, sostiene que los procesos de diferenciación social, obligan al individuo a desempeñar diferentes roles en la vida, (de tipo asociativo, en el trabajo, en el vecindario, etc.), por lo cual asume distintas pertenencias, puesto que la identidad no es algo determinado e inmutable. Así, la identidad individual, no necesariamente coincide con la construcción social e intersubjetiva de la identidad colectiva, pero sí es complementaria. (Habermas, Jürgen 1987: 86).

El mismo Habermas, lo afirma cuando dice que: "sería falso representar las identidades grupales como 'identidades del yo' en gran formato; entre ambas no se da ninguna analogía, sino tan solo una relación de complementariedad", (Habermas, Jürgen 1989:100-101). Los individuos, a juicio de Habermas, no estarían sujetos a un único código de cultura, sino que de acuerdo a las circunstancias optarían por uno u otro.

En este sentido, Amartya Sen, nos insiste acerca de la necesidad de recordar que nuestras identidades son ineludiblemente diversas, y que es un error, tratar de imponer la identidad singular como si fuera la más relevante. La importancia de determinada identidad para un individuo específico, dependerá tanto del contexto social, como de la capacidad de decidir acerca de cuáles son las identidades más relevantes en diferentes momentos de su vida. (Sen, Amartya. 2007).

Las identidades estructurales, son aquellas que son fundamentales para una sociedad determinada y que pueden no serlo para otras. En nuestra sociedad, son las étnicas de género y de clase. Estas identidades, están presentes en todas las sociedades, pero su importancia varía de unas a otras. La identidad de la persona, es el reflejo de la identidad colectiva. Al individuo lo convierte en persona, aquello en lo que coincide con todos los demás miembros del grupo. Los seres individuales, igual que los colectivos, no adquieren existencia más que a través de las relaciones que les unen. Cada individuo y cada grupo, existen en y por su relación con los otros, por su posición en un sistema de relaciones.

Un individuo y un grupo, nacen en una sociedad determinada, pero ello no les determina en su condición y en su voluntad, ya que éstos desarrollan una autonomía propia, su yo o su nosotros, mediante la que reaccionan frente a la sociedad. La relación entre el individuo y la sociedad es dialéctica.

En el estudio de las identidades, no podemos prescindir de su carácter emic, como tampoco podemos obviar su carácter etic, (aquellos elementos objetivos y objetivables). La duplicidad emic-etic, si bien ha permitido poner en orden ciertas representaciones antropológicas en torno a, cómo reconstruir la posición del otro como sujeto cultural inscrito en una realidad determinada, acarreó una serie de problemas de interpretación, que fueron a lo largo del tiempo convirtiéndose cada vez en más profundos.

Destacamos la teorización de Aurora González Echavarría sobre estos conceptos, que supuso despejar el campo del debate de sus trabas y confusiones, al darse a la tarea de rastrear la historiografía de los conceptos, cuyos orígenes se remontan, según el propio Marvin Harris, a comentarios de 1927 del etnolinguista E. Sapir, sobre problemas etnográficos y como superarlos (Harris. 1978:493). La relación emic/etic no es sino otra vertiente del problema del objetivismo del subjetivismo, en la construcción o producción del conocimiento en ciencias sociales: esto es, el problema epistemológico sobre cómo hacer ciencias sociales, ya sea desde una concepción nomotética y explicativa, o hermenéutica y comprensiva. La solución según Aurora, estriba en despedirse de la concepción emic/etic, o al menos, en dar la espalda a la conceptualización de Marvin Harris. (González Echavarría, Aurora. 2009).

Diremos pues que, "aunque no es posible analizar la identidad, si prescindimos de su carácter emic y de la conciencia individual, siendo ello un aspecto fundamental, tampoco puede considerarse sin los elementos objetivos y objetivables que definen las conductas, las actitudes y los rasgos que diferencian lo identitario, es decir, obviando su dimensión etic". (Barañano Cid, A. 2010: 95).

Las identidades, se desarrollan en los depósitos sociales de sentido y aunque tendemos a verlas como esencias, están sujetas a procesos de cambios y es por eso que han de ser estudiadas en su contexto. Para Berguer y Luckman, la identidad es un fenómeno que surge de la dialéctica entre el individuo y la sociedad, por lo cual ha de considerarse más bien un proceso social. (Berger, Peter y Luckman, Thomas. 1979). Es como consecuencia de esa dialéctica, que los procesos identitarios, son procesos cambiantes y no son inteligibles, más que en un mundo social. Las identidades no son naturales, sino sociales y culturales. Así pues, no podemos entender las identidades sociales como estáticas o atemporales, puesto que son dinámicas y contextuales, y en cuya construcción, son fundamentales los procesos de interacción social. También a este respecto afirma Habermas: "las personas no solo están investidas de una identidad numérica como las cosas, sino también de una identidad cualitativa que se forma, se mantiene y se manifiesta en y por los procesos de interacción y comunicación social (Habermas. 1987). Así pues, la identidad del individuo se define principalmente - aunque no exclusivamente - por la pluralidad de sus pertenencias sociales.

Para Berger y Luckman, la socialización primaria, comporta algo más que un aprendizaje puramente cognoscitivo. Se efectúa en condiciones de enorme carga emocional. Existen ciertamente, buenos motivos para creer que, sin esa adhesión emocional a otros significantes, el proceso de aprendizaje sería difícil, cuando no imposible. El niño se identifica con los otros significantes en una variedad de formas emocionales; pero sean éstas cuales fueren, la internalización se produce, sólo cuando se produce la identificación. El niño acepta los roles y actitudes de los otros significantes, el niño se vuelve capaz de identificarse él mismo, de adquirir una identidad subjetivamente coherente y plausible, (Berger, 2001:167), entonces, el proceso de socialización, no solo comprende el aprendizaje cognitivo, sino también el consentimiento de los sujetos. Por ello, dependiendo de la etapa de la vida de los individuos, la aceptación del bagaje cultural se lleva a cabo de manera diferente. Durante la niñez y los primeros años de la adolescencia, la socialización se realiza por lo general al interior de grupos afectivos, culturalmente homogéneos, como la familia, los amigos. Continúa diciendo, la socialización secundaria es un proceso posterior, que induce al individuo socializado a nuevos sectores del mundo objetivo de su sociedad, es la internalización de submundos institucionalizados. Esta socialización, lleva a cabo la adquisición del conocimiento específico de "roles", los que están directa o indirectamente arraigados a la división del trabajo, (Berger,2001:175). Por lo tanto, la construcción de la identidad colectiva está relacionada con el proceso de socialización primaria y, especialmente, con la secundaria, que se desarrolla en función del contexto social.

Fredrik Barth, cambia la concepción de la identidad, porque cuando se hablaba de etnia, se hacía referencia al conjunto de rasgos culturales que el investigador registraba como propios de una comunidad; en cambio, bajo la idea de la etnicidad, lo que identifica a una comunidad, son los elementos culturales enunciados por los sujetos, parafraseando a Barth "no son la suma de diferencias objetivas, sino solamente aquellas que los actores mismos consideran significativas. Algunos rasgos culturales, son utilizados por los actores como señales y emblemas de diferencia; otros son pasados por alto y en algunas relaciones, diferencias radicales son desdeñadas y negadas". (Barth, 1978:15).

Para Manuel Castells, las identidades, son fuente de sentido para las personas que tienen la posibilidad de decidir, cuál es la fuente de sentido sobre la que crear una identidad. Construyen sentidos, atendiendo a un atributo o conjunto de atributos culturales, a los que se da prioridad sobre otras construcciones de sentido, y tienen lugar, en un contexto de relaciones de poder o no poder que quieren serlo. La identidad pues, tiene lugar en contextos marcados por las relaciones de poder entre identidades legitimadoras, elaboradas desde instituciones dominantes, con objeto de justificar y afianzar determinadas estrategias y posiciones, o identidades de resistencia, construidas desde posiciones desfavorables con respecto al poder oficial, e identidades proyecto, aquellas en las que los colectivos y actores sociales pretenden cambiar su posición en la sociedad. (Castells, Manuel. 1997, 1998).

Por lo tanto, este autor distingue entre:

- Identidades Legitimadoras: las identidades legitimadoras generan sociedad civil, instituciones y organismos que reproducen la racionalidad de las fuentes de legitimación. Son creadas por instituciones dominadoras y crean identidades enfrentadas. Un claro ejemplo son las identidades nacionales: nacionalismo andaluz versus nacionalismo español.

- Identidades de resistencia: las identidades de resistencia son las más importantes. Construyen formas de resistencia frente a la opresión. Son generadas por los actores sociales en posiciones y situaciones devaluadas como elemento de resistencia. Crean trincheras de resistencia para oponerse a las identidades que dominan las instituciones sociales.

- Identidades Proyecto: estas identidades son las generadas para redefinir una posición en la sociedad, con la intención de transformar la estructura social, (feministas frente a patriarcado). Producen sujetos frente a individuos.

Otra clasificación es la realizada por Alberto Melucci, que distingue entre:

- Identidades segregadas, cuando el actor se identifica y afirma su diferencia, independientemente de todo reconocimiento por parte de otros.

- Identidades hetero-dirigidas, cuando el actor es identificado y reconocido como diferente por los demás, pero él mismo posee una débil capacidad de reconocimiento autónomo.

- Identidades etiquetadas, cuando el actor se autoidentifica en forma autónoma, aunque su diversidad ha sido fijada por otros.

- Identidades desviantes, en cuyo caso "existe una adhesión completa a las normas y modelos de comportamiento que proceden de afuera, de los demás; pero la imposibilidad de ponerlas en práctica nos induce a rechazarlos mediante la exasperación de nuestra diversidad".

Para este autor, la identidad no es una esencia, un atributo o una propiedad intrínseca del sujeto, sino que tiene un carácter intersubjetivo y relacional. Es la autopercepción de un sujeto en relación con los otros; a lo que corresponde a su vez, el reconocimiento y la "aprobación" de los otros sujetos. En suma, la identidad de un actor social, emerge y se afirma sólo en la confrontación con otras identidades en el proceso de interacción social, la cual frecuentemente implica relación desigual, y por ende, luchas y contradicciones. (Melucci, Alberto. 1991: 40-42).

Las señas identitarias, se encuentran tanto en los significados y formas significativas de la vida social, como en la información y en la producción de sentido de un "pueblo". Son portadoras de su "autenticidad", y constituyen el elemento central en la lucha por imponerse en los casos de las identidades en conflicto. Cabe señalar, de acuerdo con Pérez-Agote, que cuando en una realidad social, la identidad colectiva de un grupo deviene problemática, se hacen relativamente visibles, determinados aspectos profundos de la socialidad, en los que se hace patente la tensión, el conflicto, el problema social; se comienza a ver así, hasta qué punto la socialidad está atravesada por lo ambiguo y lo arbitrario. (Pérez-Agote. 1984).

Para Giddens, la identidad es el "yo", entendido reflexivamente por la persona en virtud de su biografía, y comprende lo que se hace y porque se hace. (Giddens. 1995). Claude Levi-Strauss, decía de ellas que son una especie de fondo virtual indispensable para explicar cosas, pero que no poseen una existencia real. (Levi-Strauss. 1977).

Las identidades dan lugar a diferentes niveles de identificación:

Grupal: definen grupos significativos socialmente en el entorno de una sociedad concreta, grupos profesionales y grupos étnicos en sociedades multiétnicas. Crean distinciones entre grupos, que ocupan generalmente, distintos espacios (profesor-alumno, técnicos-obreros, musulmanes-cristianos, ...).

Semilocal ("mitades"): constituyen grupos de identificación que se superponen a las divisiones sociales existentes. No responden a una realidad estructural, sino que son adscripciones heredadas o voluntarias. Constituyen grupos de identificación que se corresponden con lo que uno siente y no con lo que uno es. No se relaciona con el status, sino con los gustos, la familia, los amigos, ... y no poseen una duración en el tiempo.

Local: constituida por las "señas de identidad" que constituyen la "imagen" de un territorio socialmente delimitado, contestan a la globalización y no tienen por qué estar limitadas a un territorio físico, (las comunidades virtuales son movimientos sociales que no poseen un espacio físico).

Supralocal: identidades cuya visibilidad constituye un desafío para los procesos de homogeneización estatal: movimientos nacionalistas (identidad étnica nacional), regionalismos (identidad no basada en un estilo de vida), comunitarismos (un territorio, una comunidad), etnogénesis indígenas, (opuestos como indígenas a los estados).

Estas cuatro identidades, dan lugar a barreras y fronteras de carácter simbólico entre los grupos, lo que dará lugar a procesos de exclusión-inclusión.
La identidad socio-cultural se gesta mediante identidades estructurales e identidades secundarias. Aunque tanto lo individual como lo colectivo son importantes, la identidad desde la Antropología nunca se refiere a individuos, sino a grupos de personas, pues es un proceso social y no de individuos aislados. Depende de los roles sociales que se desempeñan. Los roles sociales varían en relación con la coyuntura histórica del momento.

Tajfel, define la identidad social, como "aquella parte del autoconcepto de un individuo, que deriva del conocimiento de su pertenencia a un grupo social, (o grupos), junto con el significado valorativo y emocional asociado a dicha pertenencia". (Tajfel. 1981).

Para Turner, "en la medida en que el yo es percibido en su dimensión social, aumenta la probabilidad de que el individuo participe en procesos en los que predomina el interés grupal sobre el interés propio, tales como la cohesión grupal, la cooperación, el altruismo y la acción colectiva". (Turner. 1987).

Según Merton, se entiende por grupo, "un conjunto de individuos en interacción según reglas establecidas". Por lo tanto, una aldea, un vecindario, una comunidad barrial, una asociación y cualquier otra socialidad, definida por la frecuencia de interacciones en espacios próximos, serían "grupos". (Merton. 1965). Las colectividades en cambio, serían conjuntos de individuos que, aún en ausencia de toda interacción y contacto próximo, experimentan cierto sentimiento de solidaridad, "porque comparten ciertos valores y porque un sentimiento de obligación moral, los impulsa a responder como es debido a las expectativas ligadas a ciertos roles sociales". Pertenecer a un grupo o a una comunidad, implica compartir - al menos parcialmente - el núcleo de las representaciones sociales que los caracteriza y define. Por consiguiente, serían "colectividades" para Merton, las grandes "comunidades imaginadas" en el sentido de B. Anderson (1983, 1993), como la nación y las iglesias universales, (pensadas como "cuerpos místicos"). Algunos autores, han caracterizado la naturaleza peculiar de la pertenencia a estas grandes comunidades anónimas, imaginadas e imaginarias, llamándola "identificación por proyección o referencia".

Tal y como apuntó Durkheim, "la idea que tiene una sociedad de sí misma, es la base sobre la que se sustenta la producción de la identidad". (Weber. 1979:679). Con respecto al ámbito de nuestra investigación, cada núcleo se ha forjado a lo largo de la historia una idea de cómo son y que los caracteriza. Idea forjada en sus vicisitudes históricas, territoriales, económicas, socio-culturales…, que han dado lugar a una manera de ser y de sentirse particulares. Tal y como apunta Pérez-Argote, la identificación colectiva no debe atribuir a los grupos, ni siquiera metafóricamente, características que solo tienen las personas. (Pérez-Argote. 1989). Debemos hablar de identidad individual y de identificación colectiva, más que de identidad colectiva, (aunque este último término se use masivamente en CC.SS. y por tanto también lo aceptemos como valido).

Para Assupmta Sabuco Cantó, "la oposición entre identidades e identificación, no ha sido objeto de una teorización específica, sino que más bien se emplean ambos términos de manera indistinta, o se aplica una diferenciación implícita entre identidad e identificación, que en nuestra opinión, resultan contradictorias y simplificadoras". En esa línea argumental afirma que, "si se concibe la identidad como producto, mientras que se reserva el término identificación al proceso, se fortalece una visión homogénea y estática de la identidad, frente al dinamismo y los cambios, que supuestamente corresponden en exclusividad a las identificaciones". Esta visión restringida, llevaría para ella a "enfatizar el carácter autónomo y ahistórico de la identidad, como una cuestión personal o como categoría cultural más acorde, y por tanto, que acaba conformando una serie de esencias inalterables". (Sabuco. 2004). En contraste, se asocia la identificación con los procesos dinámicos y cambiantes que incluyen y fomentan las diferencias individuales. La identidad, o, mejor dicho, los distintos ámbitos de autoidentificación, son un elemento constitutivo de la parte ideática de la sociedad, que lejos de ser una parte separada de las relaciones sociales, forman parte de las relaciones sociales, desde que comienzan a formarse y son una de las condiciones para su formación; el poder diferenciar entre ellos/nosotros. La identidad forma parte de un proceso histórico.

4.2. Teoría de la Migración. Concepto de Diáspora

El término migración, se aplica a los movimientos de personas de un lugar a otro cuando conllevan un cambio de residencia, ya sea temporal ya definitivo. Los movimientos migratorios presentan dos opciones: emigración, que es la salida de personas de un país, región o lugar determinado para dirigirse a otro distinto; e inmigración, que es la entrada en un país, región o lugar determinado procedentes de otro. De esta manera, cualquier emigración tiene como contrapartida posterior, una inmigración en el país o lugar de llegada.

El fenómeno migratorio, muestra una gran complejidad, y su estudio exige una aproximación macro y micrologica. La migración es un proceso social colectivo y personal a la vez. Implica dimensiones demográficas, culturales, ecológico-económicas, políticas, familiares, de salud, etc.

Emigrar es una práctica que no está aislada de otras prácticas. Es un proceso que normalmente recorre un itinerario migratorio, hasta que echan raíces. La migración, no es una condición ni una situación, sino una dinámica personal y colectiva. Normalmente cuando el emigrante toma la decisión de dejar su país, ya eran migrantes nacionales en sus países de origen, del campo a la ciudad, o de la ciudad pequeña a otra más grande, etc.

Los factores que motivan a la emigración pueden ser de dos

tipos: factores "push" y factores "pull"; los factores "push" comprenden los problemas del país de procedencia, las circunstancias de ese país que empujan a la población a emigrar, y los factores "pull" comprenden las oportunidades del país de destino, de los cuales, los futuros emigrantes se enteran antes de tomar la decisión de emigrar allí, y no a otra parte. Hay que destacar las redes migratorias, que son las que transmiten información desde el país de destino al país de procedencia. Las redes más importantes son las agencias de migración y los lazos familiares y de compadrazgo entre los migrantes (Massey 2001).

El concepto de inmigrante de Eugenia Ramírez, en Etnicidad, identidad y migraciones (2007), es el de sujeto activo -actor social-, que teoriza (interpreta) y practica sobre lo que vive, cómo y por qué lo vive, que asigna e intercambia sentido con sus otros, que dispone de cierto margen de maniobra y decisión en determinadas esferas de su vida. Y cómo resuelve y racionaliza su situación en términos de historias de vida, estrategias personales, recursos y solidaridades, categorías de vida y universo simbólico, sistemas de percepción y representaciones colectivas.

4.2.1. La emigración Croata. Historia

De los documentos: The Invention of the Croatian Diaspora: Unpacking the Politics of "Diaspora" During the War in Yugoslavia (Francesco Ragazzi), Pagina web: Studia Croata.

Como en el caso de prácticamente todos los países de Europa del Este, las tormentas de la historia del siglo XX hicieron emigrar un gran porcentaje de la población de Croacia. Sin embargo, la peculiaridad de la emigración croata, es que, comparando con el resto de las naciones de la región, el destino principal de los emigrantes durante mucho tiempo no era Estados Unidos, sino Sudamérica, sobre todo Chile y Argentina. Es un hecho poco conocido mundialmente que Croacia tiene importantes relaciones bilaterales con estos países, en los cuales viven aproximadamente 700.000 descendientes croatas (BÉLA SOLTÉSZ)

Se pueden señalar las siguientes etapas en la emigración Croata:

- La primera, a lo largo del siglo XIX y duró hasta la l Guerra Mundial. Los primeros croatas en América del Sur fueron los marineros, comerciantes y misioneros.

- La segunda, entre las dos guerras mundiales, a causa de la política de inmigración restrictiva de los Estados Unidos (y otros países normalmente inmigrantes), La emigración croata en Sudamérica fue renovada por los nuevos emigrantes. Una gran parte de la emigración y sus descendientes fueron diluidos en el proceso de asimilación.

- La tercera, al finalizar la segunda mundial, después de 1945, un gran número de emigrantes políticos fue a los países de América Latina.

- Y por último la emigración desde 1991 al 2000, por la guerra de Yugoeslavia, por:
  - Razones económicas, que incluyen la emigración motivada por la pérdida de empleo en Croacia, encontrando empleos más favorables en el extranjero.
  - Razones políticas para la emigración, motivadas principalmente por no aceptar el estado croata de nueva creación.
  - Razones psicológicas que se rigen por las

personas cuya emigración es por un temor generalizado por la seguridad personal o familiar debido a la amenaza de la guerra, (sin que se conceda el estatuto de refugiado). En este grupo se incluyen principalmente los residentes que estuvieron ubicados cerca de la línea del frente, (especialmente en 1991 y 1992).
Se entiende que en algunos casos, la emigración está afectada por dos o incluso las tres razones.

En las primeras olas de la emigración, los factores principales fueron los factores pull hasta la última década del SXIX. Los que emigraban eran casi exclusivamente los marineros dálmatas, que a través del comercio marítimo llegaban a suramerica en barcos españoles, motivados por las noticias maravillosas del Nuevo Mundo y con el anhelo de "hacer las Américas".

La situación cambia en las últimas décadas del SXIX, con la aparición de algunos factores push, que motivaron a los croatas a dejar sus tierras natales. En el año 1860 la costa dálmata sufre una fuerte epidemia de filoxera que desvararon los viñedos, esto sumado con la apertura del comercio del vino con Austria e Italia que depreciaron el vino croata, hicieron que muchos croatas perdieran sus trabajos. En esta misma fecha, Argentina y Chile enviaban agentes de emigración a Europa, para reclutar agricultores y colonos europeos para sus tierras alejadas y despobladas, en otras palabras, América del Sur necesita fuerza de trabajo después de la ruptura demográfica de los indígenas y la abolición de la esclavitud (del pueblo africano traído para reemplazar a los indios).

Así fue como empezó la emigración masiva de croatas (sobre todo procedentes de las Islas de Dalmacia como Brac) a Suramérica. Dado que por esa época Croacia no existía como país independiente no encontramos el número de emigrados. Los registraban como procedentes Austriacos, Húngaros, Yugoslavos, eslavos o dálmatas. A este grupo de emigración se les conoce como "emigración vieja" por ser la primera que se asentaron.

Con la liberación de las colonias de Sur América comienza gradualmente a entrar en el mercado capitalista internacional, esto coincide con la ola más fuerte de inmigrantes de Europa.

Se establecieron en colonias, las más importantes se encontraban en Argentina: Buenos Aires, Rosario y Acebal. En Chile: Antofagasta, Punta Arenas, Porvenir, Iquique y Valparaíso. En Perú: Callao y Cerro de Pasco y en Bolivia: Potosí y Uyuni. Pero también gran parte de los croatas no vivían en colonias. Dispersos en una gran superficie no podían organizarse socialmente.

Esta fue una migración en cadena. Se formaron grandes asentamientos, gran parte de las profesiones fueron muy similares creando una clase media. Establecieron sus propias instituciones como sociedades, periódicos e incluso escuelas y bancos, hasta un parque de bomberos. Hasta la I Guerra Mundial, los Croatas de América del Sur tenían alrededor de 40 sociedades: compañías de seguros, funerarias y organizaciones benéficas. Se crearon grandes lazos de solidaridad y estrechos vínculos para hacer la adaptación mucho más fácil, pero también ralentizo el proceso de asimilación.

Los croatas, pronto tuvieron un gran ascenso social dentro de la población, Franjo Blazevic, ex-embajador de Croacia en Santiago de Chile (emigrante croata), nos explica los motivos: "primero, porque las regiones en las que se asentaban, como Antofagasta y Magallanes, estaban escasamente pobladas, no existía clase media, solo familias pobres o ricas, y los migrantes croatas, (por esa época

Dálmatas sobre todo), se situaron entre las dos clases. En segundo lugar, se dedicaron al comercio, por lo cual progresaron pronto. En Antofagasta fue la minería, y en Punta Arenas la ganadería, los sectores que más riqueza generaban, y los croatas se hicieron ricos negociando con mercaderías. Y tercero, los hijos de las familias croatas acaudaladas, se fueron a estudiar a Santiago y muchos se establecieron en la capital. Así las siguientes generaciones las podemos encontrar en las ciudades."

También con el "Boom" del salitre, que generó grandes fortunas para algunos croatas que llegaron sin nada a la región.
La exportación de la carne y la lana enriquecieron a los dueños de las praderas. Destacaron también en las letras y en las artes: Cabe destacar al famoso escritor Antonio Skámeta Vranic, galardonado con el premio Iberoamericano, al lingüista Cedomil Goic, o a la escritora Lily Garafulia.

La presencia croata era muy parca en las primeras décadas del SXX, y conservaron su identidad, a través de las numerosas asociaciones que crearon como hemos comentado antes. Sin embargo, a partir de los años 1950, el carácter croata de las ciudades empezó a desaparecer, las últimas generaciones de los descendientes croatas ya tienen una identidad del país de origen.

La tercera ola de emigración, fue después de la II Guerra Mundial. En el periodo entre 1939-1948 unas 250.000 personas abandonaron el país. Muchas de ellas eran miembros de minorías étnicas que decidieron no participar en la Yugoslavia comunista y se volvieron a su país de origen. Después de 1945, cuando Croacia pasó a formar parte de la Yugoslavia comunista, muchas personas huyeron por motivos políticos. Las circunstancias en Croacia durante la era comunista proporcionaron una combinación de "factores push" económicos y políticos: el desempleo y un atraso en el desarrollo económico, se unieron a la opresión comunista. Durante los años 60, las fronteras yugoslavas se abrieron gradualmente como válvula de escape para el desempleo inminente que siguió a la reforma económica de 1965. Sin embargo, no se dejaba a las personas cualificadas y con educación superior, salir del país tan fácilmente como a los trabajadores no cualificados.

Se produjeron migraciones en cadena y en grupos, en algunos casos pueblos enteros se trasladaron al extranjero. Hasta los años 80, el patrón de migración en cadena incluía trayectorias de género de diferentes características. Los hombres y las mujeres estaban expuestos a las mismas presiones y limitaciones económicas, pero debido a la división tradicional de los roles de género, se consideraba que las mujeres migraban por razones privadas, familiares o para unirse.
Estaba implícito que el marido fuera el principal proveedor, aunque después una gran mayoría de esposas croatas trabajan a tiempo completo.

A finales de los años 80 y 90, hubo una profunda crisis económica que sumada a la guerra, las emigraciones se intensificaron. La mayoría fueron jóvenes profesionales urbanos que escapaban de la crisis y el estancamiento de finales del comunismo y de la dureza del post-comunismo. Esta emigración fue perjudicial para el país, puesto que se llevó al segmento de población más culto y empresarial. A lo largo de la última década, la fuga de cerebros se ha ralentizado, en parte por la reciente incorporación de Croacia a la Unión Europea. También se está produciendo una considerable emigración de retorno.

Las tres olas de la emigración croata, aportaron poblaciones de distinto tamaño y de distintas motivaciones al mosaico demográfico de Sudamérica, así los primeros inmigrantes llegaban con sentimientos patrióticos muy acotados y referido solamente al lugar del nacimiento donde estaban sus seres queridos, amigos, su tradición, sus hábitos y costumbres de sus ancestros, ya que su patria como estado independiente no existía. Para el inmigrante era difícil identificarse en un mundo extraño, pues él mismo no sabía que ciudadanía atribuirse. Era un Austriaco pero no hablaba alemán, podía ser croata o tal vez dálmata y más adelante del reino de yugoslavia.

En cambio era distinto, para los que vivieron en el estado independiente de croacia (NDH, del croata *Nezavisna Država Hrvatska*) y participaron de su nacionalismo extremo y discurso de cariz religioso. Alejandro Kusanovia relata cómo se vivió en Chile la creación de la República de Croacia en 1991, "Se cambiaron los nombres de las calles por la nueva nomenclatura croata, hasta cambio de nombre el Club Yugoslavo de Punta Arenas por el nombre del Club Croata. De no haber existido un fuerte sentimiento de creatividad y amor en la mente de los inmigrantes, casi todos ya desaparecidos, y en sus descendientes, no podría explicarse tanta adhesión y tanto entusiasmo con motivo de la creación del Estado Croata.

Hoy día se estima que el número de los descendientes croatas en los países sudamericanos es el siguiente:

Descendientes de croatas en Sudamérica (estimación).

Chile	380.000
Argentina	250.000
Brasil	45.000
Perú, Uruguay, Venezuela y otros	25.000
Total Suramérica	700.000

Fuente: http://hrvatskimigracije.es.tl/Diaspora-Croata.htm

Refugiados croatas en el extranjero

La guerra contra Serbia provocó la expulsión de un número de ciudadanos croatas que encontraron alojamiento temporal fuera de su país, tanto en países europeos (principalmente en Alemania, Hungría, Austria, Eslovenia...), como en todo el mundo, (EE.UU., Canadá, Australia, Argentina, Chile...). Rastrear el movimiento de su número es bastante difícil.

A mediados de 1992, se estima que en el extranjero con la condición de refugiado, el número asciende a 114.856 croatas, que es el 2,4% de la población croata total, según el censo de 1991.

Desde mediados de 1992, se reduce el número de refugiados croatas en el extranjero. Así, a mediados de 1993 ascendía a 77.500 habitantes, 51.925 a mediados de 1994, a mediados de 1995, 34.790 y a mediados de 1996, 16.825 personas.

La terminación de las actividades bélicas directas permitió el regreso de un gran número de refugiados croatas a su patria. Así que desde 1992 a 1996, el número de refugiados croatas en el extranjero disminuyó en un 85,4 por ciento. En 1997 y 1998 ya no se registran como refugiados croatas en el extranjero, porque simplemente ya no podían, debido a la terminación de un peligro inminente, ya no tienen la condición de refugiado. Una cierta parte de la población de refugiados en el extranjero se transforma entonces en población inmigrante.

Es especialmente importante hacer hincapié, en que la tendencia de volver a Croacia, aumentó a partir del establecimiento del Estado de Croacia. En casi el 85% de los casos, la decisión de regresar fue por el establecimiento del Estado Croata. Factores políticos y económicos fueron decisivos en la toma de la decisión de regresar a Croacia.

También hay que señalar, que más de las dos terceras partes de los repatriados han regresado junto a sus familias.

4.2.2. Concepto de Diáspora. El caso croata.

Willian Safran, propone 6 puntos que podemos, en función del objeto de estudio, sintetizar en 3 ideas:

> 1. la expulsión de un centro-patria y la construcción de una memoria vinculada tanto a la expulsión como a la patria.

> 2. la posibilidad, que imagina la comunidad expulsada, de poder en última instancia ser parte integrante de la sociedad en la cual esta vive.

> 3. la transformación simbólica de la patria, en el hogar verdadero ideal, al cual ellos o sus descendientes deben retornar; construcción de la cual, emergen el compromiso colectivo con esta idea, y los lazos, de suma importancia, que estas comunidades establecen con esa patria.

Cohen, añade además de lo expuesto por Safran; una conciencia étnica-grupal, en la cual se juega una memoria y un destino común, sostenida a lo largo del tiempo y basada en un sentimiento de distintividad y un sentimiento de empatía y solidaridad, con miembros coétnicos en otros países de asentamiento.

Como característica general, encontramos la tragedia y la memoria colectiva, como señala Cohen (1996), "Lazos de la lengua, religión, cultura y un sentido de historia, y quizás de destino común, impregnan la relación transnacional y brindan a ésta, una calidad afectiva e íntima de la cual, la ciudadanía formal o incluso de largos asentamientos frecuentemente carecen."

La memoria, posibilita la conservación, reproducción, actualización, transmisión y circulación de objetos y recuerdos, en los que se fijaron impresiones, imágenes y lugares significativos, para el individuo y la comunidad, que dan cuenta del desarrollo personal o social, de trayectorias personales o comunitarias, testimoniadas para sí y las nuevas generaciones, (P. Connerton, 1993). De este modo las comunidades recuerdan, producen y reproducen, símbolos como diáspora, reactualizando vínculos con el Estado-Madre.

Así en la diáspora Croata coinciden en la conmemoración de dos hechos históricos: Por un lado, la transformación de la patria mítica, idealizada, en un Estado soberano e independiente, el cual hace al proyecto político de retorno y constitución del Estado. Por otro, se conmemoran las tragedias como parte de historia y de la propia definición de la identidad del pueblo. La Patria se emblematiza en la memoria colectiva, y su celebración y conmemoración, en el eje comunitario local y transnacional.

Las fiestas patrias croatas son: el 10 de abril de 1894, fecha donde se produjo la separación del Reino de Yugoslavia y se formó el Estado libre de Croacia, y la otra es, el 25 de junio de 1991 con la independencia oficial de Yugoeslavia y proclamación del Estado Croata. Del mismo modo que en Croacia, el establecimiento de fechas implica también la disputa por colocar unos símbolos sobre otros, y el hacerlo, confiere la legitimación a un discurso que se comunaliza y otorga posibilidades de identificación a los individuos (M. Hawlbachs, 1990).

El 18 de mayo se conmemora la Tragedia de Bleiburg con una jornada de dolor, de duelo en la comunidad croata; particularmente en la ciudad austríaca de Bleiburg, (donde las tropas inglesas "devuelven" al ejército de Tito, tropas y civiles que se habían rendido al ejército aliado), se conmemora aquello que entre la diáspora se difundió como el "genocidio" y "Holocausto croata", cometido por la "guerrilla comunista", tal y como lo expresan los grupos políticos simpatizantes de la causa nacionalista. Año a año, miles de personas viajan a este sitio para homenajear a los muertos ustachas (fuerza militar de A. Pavelic que gobernó como nación títere del III Reich, ejecutando un programa de limpieza étnica y genocidio con judíos, gitanos, serbios y croatas antifascistas, y que tras la rendición de Alemania, con un ejército compuesto por unos 150000 soldados, intentó vanamente ofrecer resistencia. Gran numero fueron muertos en combate y la mayoría ejecutados tras la derrota).

El hecho, negado por el gobierno yugoslavo y sostenido por la diáspora primero y luego por el Estado croata, revela los procesos en torno a la legitimación de la memoria colectiva y los conflictos que supone su apropiación. En este sentido, el nuevo Estado en 1990, reabre lo que la memoria colectiva denominara como Tragedia de Bleiburg, convocando al Parlamento a una investigación a cargo de una comisión mixta formada por expertos extranjeros. En 1994, se realizó el Simposio Internacional para analizar la Masacre de Bleiburg, y en 1995 procuraron establecer el procedimiento formal para estimar el número de los que perecieron, (que oscila según los cálculos entre 100 mil, 180 mil y 250 mil personas).
Así, este acontecimiento se constituye en ícono, que como señala L Catela da Silva, "son marcadores de límites inclusivos o excluyentes, en el proceso de construcción de identidad y la resolución de conflictos dentro de las fronteras nacionales (2001:23). La inauguración de espacios conmemorativos públicos, en territorios como Argentina o Chile, como museos, plazas, monumentos, placas recordatorias, en torno a Bleiburg o la Patria, visibiliza la reproducción de la identidad nacional, desde la noción de

compartir una "sustancia común", que estos símbolos representarían para cada individuo y el colectivo (Geertz 1995). La madre croata, el escudo y las ceremonias que enmarcan el ritual donde participan delegados de asociaciones croatas, ingreso de las dos banderas, los trajes típicos, entonación de himnos, presentación de autoridades comunitarias y extracomunitarias, evocación de la Patria. En palabras de la Sra. Encargada de Negocios de la Embajada de Croacia, en ocasión de la inauguración de la Plaza de Croacia, Febrero de 2003 en Buenos Aires, "mantener el sentido de pertenencia a la nación y su cultura, a pesar de la distancia en el tiempo y el espacio".

La tragedia de Bleiburg, se constituye en el ícono de la nación croata en el exilio. Su conmemoración reúne año tras año a los sobrevivientes los 18 de mayo, a la celebración de la misa católica y un almuerzo comunitario. Esta fecha singularmente trágica, es rememorada como el episodio que concentra a el sacrificio y éxodo de la nación croata.

Como analiza Marcel Mauss (1920), los emblemas y símbolos religiosos y políticos, elegidos por la comunidad para reconocerse y diferenciarse, dota a la vez que de singularidad, al interior del Estado-nación.
El sistema de ideas, categorías y valores, que nutren y permiten la existencia de la diáspora, constituyen un orden simbólico particular, que plantea una forma de conocimiento y reconocimiento de la realidad, producido, reproducido, defendido y combatido, por sujetos con posiciones e intereses dentro de entramados sociales más amplios. (Bourdieu, 2000).

Dentro de las prácticas diaspóricas, las formas de producción de memoria colectiva, en las cuales, ciertos hitos fijan identidades individuales y colectivas, tienen un rol fundamental. La memoria es en este caso, fenómeno construido, y elemento constitutivo del sentimiento de identidad, constituye una narrativa de las comunidades nacionales (M Polak, 1992:204). Es fijar textos, lugares físicos, calendarizar, y construir símbolos de referencia de una memoria organizada y construida. La memoria se territorializa, no sólo en el sentido físico del término, sino integrando materiales y sentidos, que cristalizan una manera de representarse. Monumentos, museos, plazas, textos, producen y trasmiten sentido acerca de la historia y la memoria como pueblo, por diversos canales que ponen en circulación y hacen públicas estas valoraciones.

Como punto de inflexión histórico, los hechos vinculados a la destrucción de un tipo de estado y la conformación de otro, movilizaron desde el exilio, una fuerte corriente entre las comunidades exiliadas, las cuales mantuvieron vínculos a fin de sostener la identidad nacional croata, y resistir al gobierno comunista de Tito. Así diversas agrupaciones y actividades internacionales, sostuvieron esos proyectos políticos, que cohesionaban tanto la comunidad local, nacional, como la mundial, a partir de eventos que convocaban a representaciones de la diáspora, en el congreso Mundial Croata, La Juventud Mundial Croata, las Comisiones de Estudio e Investigación de los crímenes de Bleiburg, la producción y la tarea de traducción de autores y publicaciones a los respectivos idiomas locales. (Matica, editada en Italia. La revista Croata y Studia Croata en Argentina. La Revista Croata en España, Francia y Alemania).

4.3. Transnacionalismo en el contexto de la globalización

Transnacional, significa el surgimiento de formas de vida y acción, cuya lógica interna se explica a partir de la capacidad inventiva, con la que los hombres crean y mantienen mundos de vida social y relaciones de intercambio sin mediar distancias (Beck 2007:76).

Una de las características de la mayoría de los movimientos migratorios actuales, es el transnacionalismo. Este fenómeno puede definirse, como los procesos por los que los migrantes mantienen relaciones sociales simultáneas y entretejidas, que permiten mantener el vínculo entre sus sociedades de origen y los de asentamiento, lo que le ayuda a construir espacios que atraviesan las fronteras geográficas, culturales y políticas (Bash 1998:8).

Es ésta una cuestión clave, para entender los modos en que opera el inmigrante frente a las barreras institucionales, políticas y territoriales. Hay que contemplar al inmigrante en todo su dinamismo, poniendo en práctica, múltiples estrategias y recursos vitales aquí y allá, en el país de origen, en el de destino, en otros países que visita temporalmente al hilo de la oferta de trabajo o de la red de parentesco (Ramirez Goicoechea 2007:521).

Hablar de migraciones en la sociedad contemporánea, es hablar de transnacionalismo, referido a la globalización y la relocalización de las identidades y prácticas en contextos migratorios. Los medios de transporte, las tecnologías de la comunicación, una cultura de la relación internacional, del intercambio, producen situaciones, posibilidades, imaginarios, que traspasan los límites geográficos y políticos. Ahora no pierden contacto con sus lugares de origen y cuya importancia permanece en sus nuevos contextos de vida. Es verdad, que siempre ha habido algún tipo de contacto con la otra patria durante los otros siglos a través de cartas, noticias de recién llegados, periódicos, emisiones de radio, visitas puntuales, envío de remesas etc. Pero no como ahora, gracias a las nuevas tecnologías, nos podemos comunicar con algún familiar y vernos directamente por alguna de los cientos de aplicaciones que existen de video llamada, o seguir la actualidad en cada instante en el mismo momento que sucede la noticia.

Arjun Appadurai (1990), es uno de los autores que más ha reflexionado sobre el significado de la globalización. Según él, vivimos en un mundo global y globalizado de distintos paisajes, caracterizado por constantes flujos, formas y bordes irregulares, construidos desde perspectivas distintas, atravesados por las condiciones históricas, sociales y políticas de distintos actores individuales y colectivos de todo el globo. Estos paisajes, constituyen los bloques de los que los mundos imaginados están hechos. Estos paisajes son las dimensiones en que se concretan los flujos culturales globales:

1.   etnopaisajes, constituido por los flujos de gentes como turistas, viajeros, desplazados, inmigrantes, exiliados, refugiados etc.
2.   tecnopaisajes: resultado de la acción de las multinacionales, las corporaciones y las agencias gubernamentales y los flujos entre el dinero, las posibilidades políticas y la mano de trabajo cualificado o no.
3.   ideopaisajes: escenarios de producción de imaginarios colectivos, a menudo en conflicto, sobre cuestiones que afectan a muchos; bienestar, conservación del ambiente, etc.

Todos estos escenarios, se definen desde distintas perspectivas, que a veces se superponen, que son dinámicos, que operan diversos grados de abarcamiento, respeto y tolerancia a lo diverso. Se entretejen entre sí de manera diversa, constituyendo mundos pragmáticos y representacionales múltiples, para la constitución de prácticas, imaginarios e identidades grupales recreadas. Tienen cierto grado de autonomía entre sí, pero a la vez, constituyen los marcos (entornos) para los otros.

Las nuevas tecnologías, han transformado el modo en que vemos el mundo y construimos a los demás y a nosotros mismos.

Reconstrucción del imaginario colectivo. Las tecnologías se instalan en las rutinas de la vida cotidiana, pero a la vez nos sacan de ella. Las nuevas tecnologías permiten nuevas formas de estar en el espacio y en el tiempo (Martínez 2004).

El concepto deslocalización. Para Manuel Castells (1989;1996), nuestra sociedad tecnológica y de la información, produce un espacio de flujos no de lugares. Estos se definen por el aquí y ahora de la presencia de aquéllos. Los significados, son desgajados de sus contextos originales de producción, desanclados de sus condiciones y situaciones iniciales, para ser resituados y reubicados en otros espacios y lugares, para otras gentes, en otras cronologías y órdenes de cosas, insertos en nuevos sistemas de significación y práctica.

Gracias a la revolución tecnológica, la comunicación y la información transcienden el espacio y las distancias se suprimen para aquellos que están conectados, on-line. Sentidos, prácticas, valores, creencias, son también desterritorializados del espacio político por excelencia de la Modernidad: el Estado-nación.

En la globalización la relaciones entre lugar, identidad y poder se hacen más complejas y diversificadas.

La globalización, con sus mudanzas, sus flujos, su actualismo, propicia una gran cantidad de formas de subjetividad e identidad, roles, lealtades y actores. El imaginario que los medios de comunicación de masas y los medios electrónicos de comunicación y divulgación permiten, es un trabajo de imaginación, entendida como práctica social y negociación entre individuos y grupos y sus posibilidades de identidad globalmente definidas (Appadurai, 2000:31).

Las redes migratorias, muestran una conectividad compleja, gracias a los medios de transporte y de comunicación, permitiendo reconstrucciones colectivas y personales identitarias de nuevo calado social y grupal. Algunos hablan ya de culturas viajeras (travelling cultures), como parte de los flujos, a partir de los cuales se reconstruyen las identidades y autopercepciones de personas y grupos, de la única manera posible: la hibridación. Tenemos al retóricamente llamado nómada virtual, que se permite probar de todas las cocinas y es adicto al National Geographic o al Discovery Channel (Denson, 1994 citado en Ardite, 2000).

A parte de estas observaciones, cuando hablamos de hibridación o mestizaje, nuestras posibilidades no son ilimitadas, ni soberanas. Podemos hablar de identidades reconocidas como mestizas, híbridas, de referencialidad múltiple, pero situadas, continuamente negociadas y sintéticamente penetradas. El mestizaje se da siempre en términos asimétricos (Martínez 2006).

Bourdieu, define el capital social, como "conjunto de recursos actuales o potenciales, que están ligados a la posesión de una red duradera de relaciones más o menos institucionalizadas de interconocimiento y de inter-reconocimiento; o en otros términos, a la pertenencia a un grupo, como conjunto de agentes que no están solamente dotados de propiedades comunes, (susceptibles de ser percibidas por el observador, por los otros o por ellos mismos), sino que están también unidos por lazos permanentes y útiles (Bourdieu, 1980:2).

El capital, está ligado a un círculo de relaciones estables, que son el producto de "estrategias de inversión social, consciente o inconscientemente orientadas hacia la institución o reproducción de relaciones directamente utilizables, a corto o largo plazo" Bourdieu, 1980:2)

En otras palabras, sería el conjunto de relaciones sociales, que un agente puede movilizar en un momento determinado, que le pueden proporcionar un mayor rendimiento del resto de su patrimonio, (los demás capitales, económico y cultural especialmente). El capital social es, por otra parte, como todo capital, un poder que exige inversiones permanentes, en tiempo, en esfuerzo, en otros capitales, y que puede aumentar o disminuir, mejorando o empeorando, las oportunidades de quien lo posea. Se fundamenta pues, en lazos permanentes y útiles, que se sostienen en intercambios, a la vez, materiales y simbólicos.

5. Hipótesis

La construcción de nuestro marco teórico, nos ha ayudado, a la formulación de las hipótesis. Estas hipótesis, son un intento de explicación de lo que se está buscando o tratando de probar del fenómeno investigado, a modo de proposiciones sujetas a comprobación empírica, que se han apoyado, en los conocimientos ya organizados y sistematizados, y en parte que surgen de los objetivos que se persiguen. El objetivo de formularlas, es buscar su confirmación o refutación, siendo esta, la base del método de conocimiento científico hipotético-deductivo.

Las hipótesis iniciales planteadas son:

1ª hipótesis, nos lleva a afirmar que las migraciones son movimientos sociales, es una respuesta que el ser humano da, de supervivencia. El ser humano tiene la capacidad de adaptación y de dar soluciones a problemas que se plantean y una solución para esto son los desplazamientos migratorios; ya sea por catástrofes naturales, por razones políticas, por mejora económica, guerras...

2ª hipótesis, la identidad colectiva es una construcción sociocultural. La construcción del sentido de pertenencia, está estrechamente relacionada con las interacciones sociales, la cultura y el contexto social macro y micro.

3ª hipótesis, la identidad cultural como construcción subjetiva de los propios sujetos, de cómo ellos se ven (autopercepción) y son vistos por otros grupos. Los rasgos o elementos culturales son seleccionados por la propia colectividad.

3.1 Las creencias o convicciones formadoras de conciencia, son elementos importantes para la construcción de la identidad; no sólo porque a partir de ellas los sujetos entienden su realidad, sino porque dan sentido a la vida y formas de comportamiento de los sujetos y aceptación de los roles sociales y normativos, que propiamente integran su identidad, sustentadas en valores.

3.2 El proceso de construcción de la identidad, está influido por el contexto social en donde se desarrolla el grupo; por eso el nivel de identificación, no es el mismo en las diferentes etapas históricas, aparte de estar adscrito a un grupo y conocer y compartir los contenidos sociales aceptados por el grupo, tienen que sentirlo.

3.3 Utilización de valores, imágenes, mitos, que constituyen el marco normativo del grupo, y por ende, el elemento cohesionador.

3.4 El lenguaje, la cuestión lingüística es considerada como un referente identitario esencial.

3.5 Repetición de ritos, como forma de transmisión de la identidad al grupo social, donde reafirman continuamente su pertenencia y donde aprenden las creencias, valores, normas, símbolos.

4ª hipótesis que planteamos, sobre las identidades en las sociedades modernas: Las sociedades modernas, presentan una identificación con el grupo de forma reflexiva, se presenta cada vez, más abstracta y universal gracias a la era de la informática, de tal manera que las normas, imágenes y valores ya no pueden ser adquiridas por medio de la tradición.

6. Objetivos

En la investigación que nos proponemos realizar, intentaremos plantearnos los siguientes objetivos, que suponen las metas propuestas o lo que se quiere saber sobre nuestro objeto de estudio. Hay interés de que estos sean realistas y coherentes y útiles con la finalidad última de la investigación, a la vez que concretos y claros. Es por ello, que se disponen según criterios de temporalidad y jerarquización, y por tanto se organizan en función de objetivos generales y específicos, como causas de acción y el contexto donde se enmarcan, acotando los límites del trabajo y profundizando en él.

1. Acercamiento a la historia y la cultura croata en especial a las olas de emigraciones.

> 1.1 Instituto Antropológico de Zagreb: Conoceremos este organismo, indagaremos en su biblioteca para obtener material bibliográfico referente a la historia, costumbres y cultura del pueblo croata.

> 1.2 A través de la universidad de filosofía de Zagreb:
> -Ponernos en contacto con el departamento de Antropología que se encuentra en esta Facultad para que nos recomienden bibliografía al respecto.
> -Visitar su biblioteca para buscar bibliografía referente a aspectos antropológicos del pueblo croata, así como de su historia.
> -Conocer in situ, como se organizan las clases del Croaticum, los profesores y alumnos. El programa educativo y todo lo referente a la administración.

Exámenes, nivel educativo de los alumnos y nivel de la lengua croata que tienen. Relacionarnos con ellos, quedaremos con ellos a tomar algo al terminar sus clases para conocer su realidad y escuchar sus experiencias y saber de sus rutinas.

1.3 Reuniones periódicas con mi tutor en el colegio, (profesor de Geografía e historia), así como con sus colegas de profesión, para hablar y reflexionar sobre la identidad croata, la historia, costumbres y cultura del país.

2. Conocer y analizar las iniciativas y actuaciones tanto de los organismos del estado como fundaciones y/asociaciones encargadas de promover y fomentar el encuentro entre las dos culturas.

3. Análisis de dos eventos diferentes

3.1 Como organismo Público: "Días de la cultura Chilena en Zagreb"
- Conocer quien lo organiza
- Con que finalidad se crea
- A qué público va dirigido
- Grado de participación
- Análisis de los asistentes
- Reflexión del análisis

3.2 Como evento privado "Clases de Salsa en Ritan Grada"
- Conocer quien lo organiza
- Con que finalidad se crea
- A qué público va dirigido
- Grado de participación
- Análisis de los asistentes
- Reflexión del análisis

4. Sobre la población descendiente de croatas, independientemente de su generación y años que llevan viviendo en la ciudad

4.1 Historia de vida a través del familiar croata que emigró. A partir de ahí, hacer un mapa del recorrido histórico y genealógico para entender la construcción y aprendizaje que tuvo sobre su identidad.

4.2 Los recuerdos que tiene de su infancia, de todo lo referente a las costumbres croatas. Modos de conservación de la identidad cultural tanto en las esferas públicas como privadas.

4.3 Motivos por lo que emigró a Croacia

4.4 Grado de integración en el país: dominio de la lengua, segunda ciudadanía, trabajo estable, conocedor de su historia y si participa en los eventos culturales de la ciudad.

4.5 Grado de relación con otros descendientes croatas y /o latinos: forma de relacionarse que tiene con ellos, medio de pertenencia de grupo, si organizan actividades con temáticas latinas. Modos de ayuda con respecto a la adaptación de la vida en Croacia.

4.6 Medios usados para mantenerse en contacto con familiares y amigos de su país de origen. Procesos por los que establecen y mantienen múltiples relaciones sociales que enlazan la comunidad de origen y la comunidad de destino.

4.7 Cómo se ven y cómo creen que los ven los croatas.

4.8 Grado de satisfacción en el país y motivos por los que le gusta vivir en Zagreb.

5. Sobre la población autóctona

5.1 Grado de participación a los eventos organizados en la ciudad con temática latina.

5.2 Grado de interacción en estos eventos con la población descendientes de croatas.

5.3 Evaluar el grado de interés que tienen en conocer los repatriados croatas que hay en Sur América y conocer su cultura; comida, bailes, música, lengua...

7. Metodología

Tal y como describen Velasco y Diaz de Rada, la metodología, aludiría al proceso de investigación, como una secuencia que comienza con la preparación de un plan de trabajo y acaba con la elaboración y escritura del informe, aunque habría que incluir también, las repercusiones y reacciones, que suscita en otros la lectura de este informe (Velasco y Diaz de Rada. 1997).

Nuestro problema, será abordado en primer lugar, a través de la revisión bibliográfica de la cuestión. Para ello, hemos buscado documentación, partiendo desde un punto de vista global, para ir a lo particular, en este sentido, hemos revisado los postulados antropológicos, acerca de fundamentos teóricos tales como, identidad, etnicidad, migraciones etc., para luego documentarnos acerca de la trayectoria histórica de Croacia.

La planificación de la investigación será la siguiente:

1. Revisión bibliográfica

2. Nos acercaremos a la cuestión y a nuestros sujetos a través de sus manifestaciones públicas, páginas webs, publicaciones...

3. Trabajo de campo propiamente dicho. Entrevistas, conversaciones con expertos, asistencias a eventos.

4. Elaboración de un informe y sus pertinentes conclusiones.

Cuando nos referimos al método o los métodos de la Antropología, debemos tener en cuenta, que esto puede dar lugar a significados diversos, ya que muchas veces, se lo relaciona con la observación participante, los cuestionarios, el estudio de casos, etc. Según Velasco y Díaz de Rada, existen dos referencias imprescindibles de la metodología en Antropología: el método comparativo y el trabajo de campo. Por lo tanto, se hace necesario diferenciar entre la metodología y las técnicas de investigación, que son los instrumentos para recoger, clasificar y constatar la información. El método es más que la recogida de datos, y para hacer una correcta aplicación de las técnicas, debemos partir de planteamientos teóricos previos, pues correríamos el riesgo de estar promoviendo aquello conocido como, inductivismo ingenuo, pese a que corrientes como la Antropología Británica prescriban, que es posible acceder al campo sin filtro teórico.

Bordieu, sostiene que lo real, sólo responde si se lo interroga, es decir, que a lo real se lo interroga desde una perspectiva teórica. Es así, que las relaciones que se establecen en el trabajo de campo, responden necesariamente, a una construcción de lo real por parte del investigador.

Nuestra metodología, estará basada en los tres pilarse metodológicos en los que se basa la disciplina científica, es decir, el Método Comparativo, el Trabajo de Campo y la Observación Participante, aunque en este apartado, también desglosaremos, las técnicas que se inscriben en el proceso de investigación etnográfica. Toda la investigación guiará en la consecución de los objetivos, y por consiguiente, en la refutación o no de nuestras hipótesis y en su caso de la construcción de nuevas hipótesis.

El Método Comparativo: lo hemos desarrollado desde un principio en nuestro análisis. Nuestro trabajo etnográfico, hemos intentado comparar las diferencias en comportamientos y sentimientos de identidad, de las diferentes generaciones de descendientes que emigraron, con los descendientes que retornan a Croacia. Compararemos las herramientas y los medios que utilizaron para la conservación y transmisión de su identidad, como el grado de adaptación a su nuevo país.

Trabajo de Campo: debemos tomarlo como un proceso en sí mismo, dentro de un proceso mayor que es la etnografía y que incluye más elementos como la lectura, la observación, la recogida de datos, etc. Todos nuestros estudios sociales, se realizan en un campo de estadio concreto y delimitado, desde las entrevistas que se realizarán a descendientes de diferentes nacionalidades y de diferentes generaciones, que ya estén viviendo en la ciudad.

Observación Participante: la encontramos, en el interior de la situación metodológica que supone el trabajo de campo. Es una técnica muy especial, a veces sobrevalorada, pues muchas veces se obtiene más información por lo que se oye, que por lo que se observa. En cualquier caso, bajo la presentación de ser lo más objetivos posibles, debemos observar, interfiriendo lo menos posible. Se realizará dicha metodología, en eventos y actividades con temáticas suramericana, tanto organizados por entidades públicas, como privadas, como por los propios descendientes.
La observación no obstante, también tendrá lugar en las reuniones informales, a las que tendré acceso gracias a un informante estudiante de la beca Croaticum. Mencionar que será observación de su forma de comportamiento del día a día, así como, de sus conversaciones con otros estudiantes descendientes que me permitirán tener una visión general de las expectativas que tiene este grupo, así como sus costumbres y el grado de relación con la sociedad.

Nuestra metodología será participante, por cuanto que

vamos a interaccionar con los sujetos, con el objeto de extraer la información que buscamos. Serán por tanto, entrevistas y conversaciones con expertos preferentemente. La selección de los sujetos para las entrevistas, estará delimitada, por la disponibilidad de los retornados que estén dispuestos a tener con nosotros una entrevista no obstante. El perfil que buscamos es el siguiente:

1. Ser descendiente croata, independientemente de la generación que haya emigrado y la época y motivo de la emigración.
2. País de la emigración, cualquiera de Sur América.
3. Estar viviendo en el país.

Las técnicas antropológicas que vamos a realizar en nuestra investigación, son las que se realizan en cualquier trabajo de la disciplina, esto es, el extrañamiento, la intersubjetividad y la descripción densa, centrándonos en el tipo de conocimiento que aspiramos a producir, es decir, su dimensión epistemológica.

Extrañamiento: Este concepto lo debemos de tener siempre en consideración si queremos producir conocimiento científico, puesto que estudiamos a actores sociales muy cercanos culturalmente, que comparten con los investigadores, la cosmogonía del mundo y sentir vital, por ello, este concepto es muy importante para aseguramos unos resultados válidos en nuestro proyecto. Los propios teóricos de la materia, han señalado, que dicho concepto debe ser atendido aún en los estudiosos de una misma cultura, aunque es más fácil que cometamos errores en los planteamientos iniciales. La utilidad del extrañamiento en la etnografía, va en dos líneas generales. Por un lado, tal y como lo explican los autores, nos permite ser conscientes del etnocentrismo al que nos avocamos, es decir, nos permite darnos cuenta de la diversidad cultural que corresponde a otras sociedades. La segunda gran aportación del concepto de extrañamiento a nuestros esquemas de percepción, es la capacidad de adquirir, una actitud relativista ante los hechos sociales. De esta forma, se podrá entender que ciertas prácticas son lógicas en las circunstancias en las que se dan.

Intersubjetividad: Supone, no quedarnos sólo con nuestro punto de vista como investigadores, sino también, tomar en consideración la forma en que los otros tienen de mirar su mundo. Esto lleva a la idea, de que no sólo serán aceptables las técnicas consideradas tradicionalmente positivistas, de carácter más científico, sino que deberemos atender, al análisis de los discursos o valores que dan significación a las conductas observadas "objetivamente". De lo contrario, utilizar la observación sin tener en cuenta las significaciones que las personas dan a lo que el investigador observa, lleva a una observación cargada de subjetividad (Velasco y Díaz de Rada, 2009:218). Por lo cual, realizaremos bastantes observaciones y análisis de nuestro objeto de estudio, para intentar conseguir mayores y mejores resultados. Deberemos actuar siempre con neutralidad y le daremos a nuestros investigados y entrevistados la libertad necesaria para que desarrollen sus ideas.

La descripción densa de Geertz, tomada de Ryle, la explican Velasco y Díaz de Rada, a partir de la obra: Juego profundo y riña de gallos en Bali. La descripción densa, pretende oponerse a lo que Geertz consideraba como descripción simple o ligera, aunque hemos de tener en cuenta, que no podemos hablar de descripciones simples, pues siempre esconden elementos interpretativos, por lo que convierte a la descripción densa, en lo que es su carácter de descripción guiada e interpretativa. Velasco y Díaz de Rada, consideran cinco niveles importantes para verificar si las interpretaciones que se producen en el trabajo de campo son o no descripciones densas:

1. Localización o contextualización: todos nuestros estudios estarán dados en un lugar concreto de la geografía croata, y más concretamente en su capital Zagreb. Toda conducta o discurso se genera en lugares sociales que mediatizan la conciencia individual.

2. Encarnación: consiste en encarnar en sujetos, agentes, actores sociales, informantes, etc. Evitar una Antropología sin sujeto, evitando lo abstracto, pues las personas no son objetos de investigación, sino sujetos, por lo que es imprescindible conocer el perfil de los individuos. En todas las ocasiones que nos sea posible, intentaremos presentar a los sujetos de nuestra investigación, sobre todo, en la observación participante que no es tan evidente. Intentaremos aclarar quien realiza los discursos, presentar a las personas que intervienen en nuestro grupo de discusión, situación de su país de origen con respeto al croata, los organigramas de las diferentes asociaciones estudiadas, etc. Todo ello, con el objetivo de conocer con la mayor precisión posible, las personas que forman parte de nuestro objeto de estudio.

3. Triangulación: el principio básico de la triangulación, consiste en recoger y analizar datos desde distintos ángulos, para compararlos y contrastarlos entre sí. Para triangular, debemos de confirmar que lo que se nos dice es ratificado por otros informantes. El matiz fundamental es que su finalidad no es solo validar, sino también, darnos distintas perspectivas de una misma realidad social.
Debemos ser capaces de dar cuenta de la intersubjetividad de la realidad social.
Contribuye ello a conseguir dos propósitos:

- Validación y consistencia: mediante la validación, se confirman que determinadas acciones o interpretaciones forman pautas. Comprobar la consistencia de los datos, permite asegurar que estamos ante un elemento de un espacio común, del espacio público de la cultura y no ante un hecho aislado o ante una apreciación enteramente subjetiva del investigador.
- Acceder al espacio público de la cultura teniendo en cuenta una multiplicidad de perspectivas. La etnografía es un ejercicio de perspectivismo.

4. Datos multireferenciales: Nos referimos, a la necesidad de evitar los razonamientos lineales de causas y consecuencias simples, que remitirían a una especie de "razonamiento universal". Presentaremos la información, de manera que recoja la multiplicidad de niveles o aspectos de la realidad. Así los datos elaborados, presentan sus diversos matices y pueden mostrarnos de un solo golpe de vista, los distintos aspectos de la realidad.

5. Intertextualidad: este concepto proviene de una idea extraída de la literatura, y consistiría, en reflejar en nuestras descripciones, los desplazamientos cotidianos de los agentes entre las diferentes parcelas de la realidad. Hemos de ser capaces de encontrar puentes de sentido, entre las diferentes parcelas de la realidad de nuestros informantes, ya que, ninguna práctica es un elemento aislado. En este sentido, hemos de hablar del holismo, pues la Antropología es holista. Existen dos lecturas de esta posición, por un lado, una visión errónea diría que hemos de investigarlo todo, pues todo está relacionado con

todo, aunque en este sentido el error es que se confunden, unidad de análisis y unidad de observación. La segunda perspectiva nos dice, que nada de lo que observemos o nos cuenten está aislado, pues todo se relaciona, por lo que ser conscientes de esto, no significa investigarlo todo, sino darnos cuenta de que la realidad es relacional. Así que intentaremos, realizar un análisis, lo más completo de los retornados suramericanos, en referencia a su sentir antidotario y su relación con su patria y con la patria heredada por sus ancestros.

Por otra parte, hemos de considerar los postulados de Francisco Cruces, en lo referente a la realización del trabajo de campo en contextos urbanos. Traeremos sus consideraciones aquí, debido a que nuestras técnicas de investigación se desarrollarán en estos contextos. De este modo, la primera aclaración que aporta este antropólogo, es el problema del holismo. Todo tiene relación y todo está relacionado, por tanto, intentaremos analizar las redes sociales que constituyen la realidad de los migrantes suramericanos, valoraremos los rasgos que otorgan tanto ser "latinos" como ser "croatas".

Francisco Cruces observa además otra necesidad, dada por las características de los contextos urbanos modernos, de redefinición en torno a lo que él ha llamado, la "inconmensurabilidad de saberes", que a su vez, contiene tres problemas. "El primero de ellos, se relaciona con la posibilidad de que el etnógrafo haya de enfrentarse a personas expertas en diversas disciplinas. Además, la confusión de los distintos lenguajes a la hora de llevar a cabo una narración, por una parte, la frontera entre las distintas formas de expresión no es tan radical; por otra, la hace algo ambigua, de modo que a veces, se tendrá que combinar el lenguaje del investigador con algunos otros, que a veces no se alejan de él, aunque no como etnógrafo"

(Cruces, 2003: 172-174).

Tendremos en consideración, que no lo podemos abarcar todo en nuestro estudio, puesto que en muchas de las actividades que se realicen, no estaremos presentes por falta de tiempo de los investigadores, o simplemente, a los investigadores, es decir, a nosotros mismos, hay conceptos y realidades que se nos escapan, debido a la gran complejidad de la sociedad que posee toda cultura que se dispone a estudiar un investigador social.

Por otra parte, las técnicas son procedimientos formales de recogida y producción de información y no se pueden entender sino en términos de proceso de la investigación etnográfica. Las principales técnicas del método cuantitativo son, la encuesta estadística y la reelaboración de datos secundarios. Y las del método cualitativo son, el grupo de discusión y la entrevista en profundidad. La observación participante es la técnica fundamental del método etnográfico, mientras que del biográfico, lo son las historias de vida, los documentos personales, los relatos de vida y los biogramas. Por último, el método histórico, utiliza las fuentes orales y la documentación (Rubio y Varas, 1977). A pesar de esta clasificación, hay que señalar, que una técnica puede ser usada por varios métodos con distintos enfoques. En cuanto a nuestra investigación, utilizaremos distintos métodos en función del momento de la investigación en el que nos encontremos.

En definitiva, intentaremos realizar todas las técnicas, centrándonos más en las entrevistas y la observación participante, para conseguir un análisis más acertado de la realidad social, que van encaminadas por nuestras hipótesis y objetivos. Se realizarán a un número amplio de retornados, para intentar representar a las diferentes generaciones que vuelven al país, y ver los diferentes pensamientos que estos tienen con respecto a su propia identidad, analizada y rebatida en el marco teórico.

Tendremos en cuenta a la hora de elaborar nuestra investigación, el concepto de Reflexividad. Esto supone la vigilancia de los modos, de cómo el sentido común puede acabar interfiriendo en la investigación. Niega la distancia, sujeto–objeto de investigación, ya que no existen hechos sociales predados, sino que los hechos sociales son construidos, son una construcción del investigador. Hemos de procurar hacer una vigilancia epistemológica, para así asegurarnos que trabajamos contra el sentido común, siendo conscientes de las prenociones de los investigadores, que impregnan las operaciones en su investigación. El sujeto de la investigación, ha de ser también sometido a un proceso de objetivación, "objetivar al objetivador" (Bourdieu,2003), ya que los investigadores forman parte del mundo que estudian. Hemos de someter al sujeto, al mismo proceso al que sometemos al objeto, para poder revelar la relación oculta que mantiene con los objetos de conocimiento. Hemos de tomar la relación con el objeto, como objeto investigable a su vez.

8. Índice Tentativo

Capítulo 1.
Introducción. Historia de las migraciones

Capítulo 2.
Croacia, país históricamente emigrante

Capítulo 3.
Construcción de la identidad croata. Antes y después de la
República de Croacia.

Capítulo 4.
Construcción de la identidad Croata fuera de su patria

Capítulo 5.
Promoción y conservación del patrimonio étnico - cultural
Croata.

9. Anexo Práctico: Observación y Entrevista

Justificación.
"Observación y entrevista, son dos modos básicos de obtener información, o más bien, de producirla. Siendo el trabajo de campo una interacción social, cada uno de estos dos modos, muestra el aparente predominio de los dos intervinientes en la interacción: el investigador, por un lado, y los sujetos de estudio, por el otro. En la observación, aparentemente, la información es obtenida desde la sensibilidad, desde la agudeza de la percepción del investigador ante la acción de los sujetos de estudio. En la entrevista, aparentemente, la información es obtenida desde la abundancia y precisión del conocimiento de los sujetos mismos, los informantes. En realidad, el trabajo de campo hace del investigador el primer informante, un estatus que se consolida aún más por la observación participante, que debe dar a la observación, el carácter de vivencia, de experiencia" (V y D. Rada, 2009: 33).

Para este proyecto de investigación, se ha elegido, la utilización de varias técnicas: La observación participante y la entrevista, para recoger y configurar la mayor información posible. Estas vienen justificadas por los objetivos que se persiguen y principalmente por la metodología que se decide llevar a cabo, donde la principal motivación será, la recopilación de datos de carácter cuantitativo, pero principalmente cualitativo.

9.1 Anexo Práctico: Observación

La observación, fue la primera técnica que tuve que llevar a cabo. La observación proporciona un marco referencial óptimo, para iniciar el proceso investigador, ayuda a la concreción de ideas, que hasta el momento de su encarnación no son más que abstracciones en la mente del sujeto que investiga, que además puede desdeñar sus prejuicios o ideas de partida, mediante el acercamiento físico y dialógico con los sujetos observados.

En Antropología, cuando hacemos referencia a la observación, estamos hablando de algo mucho más complejo que la observación de la vida cotidiana; esta técnica, requiere de una preparación previa, en la que debemos determinar qué queremos observar, para qué queremos observar y donde queremos realizar esa observación. Si no llevamos un guion preestablecido de nuestra observación, estaremos perdiendo el tiempo. La pretensión del antropólogo, no puede ser querer observarlo todo, debe marcarse unos objetivos. Nuestras observaciones han sido varias durante todo el desarrollo de la investigación y de ella sólo vamos a reflejar las que nos han proporcionado mayor información.

En nuestra investigación, nos ha resultado oportuno aplicar esta técnica, para comprobar cómo participan nuestros sujetos de estudio en la comunidad de origen y si se interesan por los eventos relacionados con sus comunidades de destino que se organizan en la ciudad, y su vida y adaptación en general en Zagreb. En la observación, hemos tenido en cuenta, y eso nos parece una ventaja de esta técnica, aspectos muy diversos. La observación permite fijar la atención en aspectos diversos y variados: lo discursivo, lo simbólico, lo latente, lo expresivo y lo ausente, porque lo que no está, o quien no está, también es o debe ser objeto de análisis y reflexión en nuestro trabajo.

9.1.1. La Muestra.

Para ello, organizamos un calendario con todos los eventos que se van a efectuar en los próximos 3 meses, orientados a los países suramericanos, para analizar el grado de acogida que tienen estos eventos entre los descendientes croatas y para ver la interrelación que se efectúa con la población de origen.

Incorporamos a nuestro dossier práctico varias observaciones.

> A) Días de la cultura Chilena en Zagreb.
> B) Miércoles de salsa en Ritam Grada.
> C) Conversaciones informales con estudiantes del Croaticum a la salida de sus clases.

No obstante, hemos estado en otros eventos y actos en los que hemos tomado notas, nos ha llevado a obtener más información, aspectos a analizar, relacionar... Hemos estado en el festival "Subversive Festival" de cine, viendo la proyección de "7 días en la habana", asistiendo a eventos de asistencia de habla hispánica, como el organizado por Babylon Café, este evento se hace una vez al mes para practicar idiomas, y a diferentes clubs de salsa y restaurantes latinos.

Nuestra intención, fue ir a todos los eventos de la ciudad que se pudieran identificar con lo "latino", para poder observar si nuestros sujetos de investigación se mueven en esos ambientes, si se conocen entre ellos, cómo interactúan con la población local..., para después entrecruzar los datos con las entrevistas.

Nuestro problema de investigación, formula expresamente como viven y se relacionan nuestros sujetos de investigación entres ellos en particular y con la sociedad en general, por ello debemos incluirnos en sus círculos de amigos, analizar sus rutinas, acudir a eventos con carácter latino, escuchar que lenguaje usan entre amigos, para poder tener una visión más amplia.

Nuestra entrada en el campo, siempre fue facilitada por nuestros informantes que ya conocíamos: H.P. de Venezuela y D.C. de Perú, siempre dispuestos a enseñarnos eventos e incluirnos en sus círculos más cercanos. En un primer momento, les mencione que estaba haciendo un trabajo de investigación, pero no dije exactamente cual, no quería que se sintieran observados o manipulados.

También aclarar, que mis informantes, al ir a eventos sociales y a veces nocturnos, aparte de lo meramente simbólico, prestamos atención a las conversaciones, que tanto con conocidos como con desconocidos tuvimos la oportunidad de entablar. Por supuesto escuchamos con atención, anotamos en una libreta ya que la grabación fue imposible por los tipos de eventos a los que asistimos, o las conversaciones informales que realizamos. Queríamos hablar con la gente, escuchar sus discursos. Para esto, tuvimos en cuenta que debíamos hablar tanto con los descendientes croatas, como con los croatas y las personas que organizaban el evento. Queríamos saber los dos puntos de vista y también, la motivación que llevaba a organizar el evento.

Es obvio, pero diremos que la muestra en nuestro estudio es muchísimo más reducida de lo que debiera, nuestra investigación debería abarcar toda Croacia, cosa que dado los recursos, y el tiempo, ha sido imposible hacer, nos hemos centrado en la capital Zagreb.

9.1.2 Condiciones prácticas de la aplicación de la observación

Los discursos que hemos extraído de las observaciones, se pueden dividir en tres subgrupos: los discursos de los descendientes croatas, los croatas y los organizadores, ya sean privados o públicos.

Dado nuestro origen, y sobre todo lo masivo de los actos a los que hemos acudido, no hemos sido percibidos en ningún momento, como extraños en los sitios en los que hemos estado, nos hemos movido con total libertad y naturalidad, hemos interactuado con participantes, organizadores...

Los guiones han ido, de la inexistencia en la primera observación, a una mayor elaboración final. Han sido de bastante ayuda y eficacia, nuestros informantes: T.D. mi compañero croata que habla español, y siempre dispuesto a acompañarme a todos los eventos para facilitarme la labor de traducción del croata al español, y mis dos informantes, que como he dicho antes, sabían leerme entre líneas o ponerme en situación del acto en sí. Se lo tengo que agradecer de corazón a los dos.

9.1.3. Transcripción de la técnica

9.1.3.1. *Observación asistemática: SJEĆANJE – MOST IZMEĐU ČILEA I HRVATSKE (Días de la cultura Chilena en Zagreb. Memoria - un puente entre Chile y Croacia)*

Datos de la aplicación de la técnica:

Antes de acudir a este evento, nos informamos de quien lo organiza por Internet. Es la fundación Udrugaos y cómo podemos ver en su página web (http://www.udrugaos.hr), es una asociación que se encarga de la promoción de la identidad cultural de Croacia y la identidad cultural de las minorías étnicas, a través de la manifestación de eventos culturales. Organizan también sesiones de formación, talleres creativos, seminarios, conferencias y mesas redondas, para promover la creatividad y la riqueza de citas croatas de otras culturas. Realizan el programa de cooperación local e internacional, en los proyectos y eventos culturales y artísticos, con el objetivo de reunir a diferentes comunidades y el intercambio de artistas con los países amigos. Programas de cooperación, cultura transfronteriza y la política cultural europea. Publicación de libros y revistas en el campo de la cultura y el arte, de conformidad con la ley.

La presidenta de la Asociación es Tuga Tarle, ella es

diplomática profesional, promotora de la cultura croata (Chile, España, Australia, Eslovaquia). Es periodista social y escritora. Poliglota.

La primera observación oficial, fue la asistencia a la semana cultural que se organizó con motivo de hacer un acercamiento hacia Chile tierra de descendientes croatas.

La transcripción del tríptico del evento se traduce así:

> *"Este evento cultural de cinco días, abre brevemente las puertas hacia Chile y más acerca de nuestra historia. Chile, tierra de la que la mayoría de nuestros ciudadanos saben muy poco, y que es hogar de muchos descendientes compatriotas nuestros, distinguidos y exitosos (Sobre todo de la isla de Brac).*

Tríptico del evento:

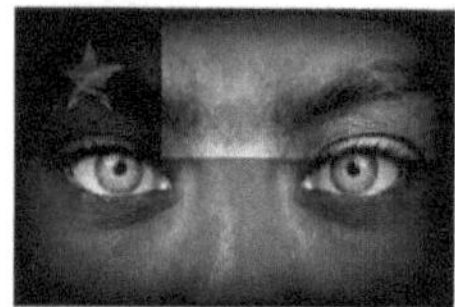

Muzej Mimara, Rooseveltov trg 5
Čileanski dom Zagreb, Jarušćeva 2/1
Društvo hrvatskih književnika, Trg bana Jelačića 7/1
Nacionalni informativni centar, Preradovićeva 5
Udruga Štagalj, selo Novitani pokraj Vrbovca

DÍAS DE LA CULTURA CHILENA EN ZAGREB

MEMORIA - UN PUENTE ENTRE CHILE Y CROACIA
12 - 16 de mayo de 2015

Subota 16. svibnja 2015.

Utorak 12. svibnja 2015.

Srijeda 13. svibnja 2015.

Četvrtak 14. svibnja 2015.

Petak 15. svibnja 2015.

Para realizar la observación en los respectivos escenarios, planificamos el siguiente guion de esta observación:

1.   Características, misión y contenido del evento.
2.   Características, actores: quienes participan
3.   Observar el modo de interacción que tienen entre ellos.
4.   Discursos de los actores participantes.

Descripción Densa

EL 12 de mayo a las 19:00 horas, tiene lugar el acto inaugural en uno de los edificios más emblemáticos de la ciudad, en el museo Mimara.

Me entero de este evento, gracias a una amiga croata (K.R.), que sabe de mi proyecto y me avisa con tiempo de antelación. Le pregunto a mi compañero de piso, si me puede acompañar para que me haga de traductor, que, aunque el evento es con temática suramericana, va dirigida al público croata o descendientes croatas, que en su caso hablan y entienden croata la mayoría.

A las 18:00 quedo con mi compañero de piso en una cafetería en frente del museo, él tiene un gran interés por todo lo referente a la cultura suramericana, por lo que siempre está dispuesto a acompañarme. Hablamos de cómo va mi investigación y mis avances. Me comenta que él nunca ha estado dentro del museo, (él es de Split, pero trabaja en Zagreb), por lo que decidimos ir temprano para visitarlo por dentro y ver los preparativos antes de empezar.

El edificio es de techos altos y grandes columnas de mármol, tiene un hermoso hall donde podemos ver al fondo las sillas ya colocadas, atravesamos el hall, a la derecha han colocado una mesa alargada, vestida con faldones azul marino, donde han dejado los trípticos del evento, una hoja de ruta del evento de hoy en castellano y en croata, y un folleto de turismo de Chile (ww.prochile.cl). Tenemos que bajar unos tres escalones para llegar a un hermoso patio, con luz natural y desde donde se puede ver las galerías de las plantas de arriba. Las sillas están colocadas como para una capacidad de 100 personas. Al fondo hay un arpa, que la rodea una serie de sillas. Tras ellas están las tres banderas; Europea, Croata y Chilena.

Cuando llegamos ya había gente sentada, por lo que decidimos coger un buen asiento, previniendo el número de asistente que iba a llegar. A medida que pasaban los segundos, se iban ocupando los asientos, en un primer momento la mayoría de los asistentes eran de cierta edad, y presumiblemente croatas, (a todos los escuchábamos hablar en croata), pero al empezar el acto, hubo un grupo de jóvenes todos muy bien arreglados.

Suena el arpa y comienzan a entrar en la sala por una puerta lateral, jóvenes y mayores todos vestidos de negro y comienzan a sentarse en las sillas colocadas en frente de nosotros y alrededor del arpa. Se para la música.

Abre el acto inaugural el Embajador de Chile Sr. Germán Orlando Ibarra Moran, Tura Tarle, (la presidenta de la Asociación), es la moderadora del acto. Mi compañero de piso hace la traducción:

> "Para muchas personas en Croacia, Chile es un país desconocido y distante, una especie de tierra mítica. Esto es comprensible porque la distancia entre nuestros dos mundos mide miles de kilómetros y una anchura de un gran océano Pacífico. Pero, el mundo de hoy es un lugar pequeño, que podemos fácilmente conectar con un puente, gracias a los avances tecnológicos modernos como internet. De esta manera, Chile es para nosotros cada vez más y más cerca. Chile es particularmente cercano a nuestro país, debido a que más del 1 por ciento de la población de Chile, es descendiente de nuestro pueblo de la isla de Brac, y hoy más de ellos viven en Chile que en su natal isla croata.
> En los próximos días, vamos a aprender más acerca de todo eso y acerca de los secretos de este hermoso país amigo, que ha sido uno de los primeros estados en el mundo en reconocer a Croacia. Hoy, en este momento solemne, dedicamos nuestro encuentro a otro Chile, un Chile de grandes poetas. Esta noche vamos a presentar, las perlas de la poesía escrita por Teresa Willms Mont, Vicente Huidobro, Stella Díaz

Varín, Pablo de Rokha, Gabriel Mistral y Pablo Neruda, Violeta y Nicanor Parra.
No es de extrañar que Chile, es también conocida como la tierra de poetas. Por eso, fue muy difícil elegir entre tantos grandes nombres de poetas chilenos para esta ocasión especial. Esperamos que disfruten de nuestra selección. Les invitamos a escuchar lo que estos artistas están tratando de decir al mundo, ya que generalmente se dice, que ellos saben los más grandes secretos del corazón humano.
Continúa el discurso diciendo:
Les invitamos a dejar los aplausos para el final de cada secuencia. De esta manera vamos a proceder sin largas pausas y lograr una experiencia de música y arte en un bloque de versos.
Si usted no entiende el croata o el español, todavía se puede dejar llevar con la poesía de sonido del arpa y la voz humana que seguramente tocará su alma. Este meta-lenguaje, siempre promueve los mismos valores humanos: la hermandad de los hombres, el amor, la paz y el respeto mutuo.
Esta tarde, se la dedicamos al Embajador de Chile en Croacia, el Sr. Germán Orlando Ibarra Moran, en agradecimiento por su contribución a la amistad entre Croacia y Chile. Le deseamos mucho éxito en su tierra natal en Chile.

Aparición del embajador de Chile Sr. Germán, que dice unas palabras de agradecimiento en croata y se despide en croata y en español.
Un largo aplauso.

Suena el Arpa y comienza el recital de poesía:
Todas las sillas están ocupadas y se ve como siguen entrando personas y colocándose de pie al final del patio,

hay un silencio profundo.

Empieza el recital de poesía:
Se levanta de la silla Kristina Krepela, (me comentan que es una actriz croata), recita los versos en croata de Teresa Wilms Mont y Vicente Huidobro. Se sienta y seguidamente se levanta Igor Serdar, con poemas de Stella Diaz Varin y Pablo de Rokha. Recita en español y por la pronunciación parece español. Ahora es el turno para David Rey, con poemas de Gabriel Mistral y Pablo Neruda, también en español. Se levanta de la silla Alicia Míngues, con poemas de Violeta Parra y Nicanor Parra, recitado también en español, y se cierra el recital con Ante Rumora en croata.

Toma la palabra de nuevo Tuga, que agradece por su buen trabajo a cada uno de los que han participado en el recital de poemas y nos presenta a Doris Karamatic, que es la música del arpa. Despide el acto con la canción "Hijo de la Luna" un poco aflamencada.

Tuga nos invita a pasar al jardín, en el que han dispuesto de un pequeño cóctel y donde podremos conversar con los asistentes y si tenemos suerte intentaremos acercarnos al embajador y a la organizadora.

Al pasar al jardín, al que se accede por una puerta de cristalera situada a la izquierda del patio, me doy cuenta que el grupo de jóvenes, (unos seis), son los chicos de Croaticum que coincido con ellos cuando voy a la cafetería de la facultad de Filosofía.

Nos saludamos y nos quedamos un rato charlando con ellos. Le pregunto cómo se han enterado de este evento y me comenta H.H. (venezolano), que a través de su amigo (Perú), al que siempre le gusta acudir a todo lo referente a

Suramerica, y a él nos dice, que si tiene tiempo y le va bien pues también le gusta ir. Le pregunto si conocen la fundación que lo organiza o la presidenta y me dicen que no, que se han enterado a través de la página de Facebook, por medio del consulado de Chile que ha creado el evento y ha llegado a través de una invitación online. Nos quedamos comentando lo bien que ha recitado la actriz Cristina y los poetas que conocíamos. Me despido de ellos por el momento, para poder avanzar más en la sala y evaluar a los asistentes.

Mi amigo me trae una copa de vino y vamos al jardín, donde se encuentran la mayoría de los asistentes. El porcentaje mayoritario son croatas de avanzada edad y por su vestimenta, diría que de clase alta, se ven personas cultas con saber estar. Me doy un paseo por el jardín para ver mejor los grupos de personas que se van formando. Me encuentro a los tres jóvenes que recitaron en español y me acerco a ellos para presentarme. Hablando con ellos me cuentan que ellos están viviendo en Zagreb con una beca del consulado español, y que Tara un día, solicito personas para que acudieran a un programa que realiza una vez al mes para poder practicar idiomas, y una vez allí, les propuso esta actividad que con mucho gusto ellos aceptaron. El chico es gallego y las otras dos chicas madrileñas, continuamos charlando y les comento porque estoy en el evento y sobre mi investigación. Me dicen que Tuga es una persona muy accesible y que habla perfecto español, que seguro que me atiende. Nos damos nuestro contacto para volvernos a ver y poder contarnos más cosas de nuestra experiencia en Zagreb. Me doy otra vuelta intentando localizar a Tuga o al Embajador, me encuentro a mi compañera de la escuela, a la que invité también a venir y mientras nos saludamos, se nos acerca un Croata para decirnos que él es un amante del tango y de todo lo referente de Suramérica, le pregunto si tiene algún familiar o amigos suramericanos, y me comenta que tiene amigos de sus clases de baile, que suele ir un día por semana, y está intentando aprender español. Me doy cuenta que ya está terminando la recepción de la copa de bienvenida y veo a través de la puerta de cristalera, que Tuga se está despidiendo de los asistente en la parte donde se realizó el evento, me despido por un momento con mis acompañantes en ese momento y me dirijo hacia la presidenta de la fundación, espero paciente a que se despida de sus asistentes y cuando creo que ya no queda nadie más esperando para saludarla, me dirijo hacia ella y me presento, ella muy cordial cuando me escucha hablar en español rápidamente cambia el registro a español, me escucha atentamente la intención por la que me dirijo hacia ella y el objetivo de mi proyecto de investigación. Me comenta un poco sobre la diáspora y sobre la política del gobierno de atracción de sus descendientes, como el programa Croaticum, me dice que ahora no tiene mucho tiempo porque tiene que estar pendiente del cierre, pero que encantada podemos concretar una cita para hablar detenidamente, me comenta que conoce también una antropóloga de la facultad de Zagreb, que me puede poner en contacto con ella, me da su teléfono y quedamos en vernos en las próximas semanas, (aunque después ella estuvo de viaje a suramerica casi 3 semanas y fue imposible concretar un encuentro con ella). Tuga es una persona carismática, por el tiempo que estuvimos charlando, me dio la impresión de que es una persona enamorada de Chile y que le gusta lo que hace y eso se transmite.

No encontré al embajador durante el cóctel, ni al final del evento, por lo que supongo que se marcharía directamente después del evento. Me despido de mis amigos del Croaticum, y salgo del evento con mi compañera del colegio y mi compañero de piso.

Fotos del evento:

Como hemos pedido investigar, esta fundación se encarga en promover el encuentro de las dos culturas y unir lazos.

Por el análisis de los asistentes, vemos que hay un gran número de personas croatas de avanzada edad y con un nivel socio cultural alto, muy interesados en el conocimiento de la cultura Chilena.

Vimos que entre este grupo la mayoría se conocían porque se saludaban con familiaridad y se cambiaban de grupos para comentar y charlar.

Comprobamos como los estudiantes de la beca están interesados en estos tipos de eventos y se sienten cómodos interactuando con el público croata, ya que vimos como ellos se presentaban en los grupos y contaban de su intento por hablar croata, que son descendientes croatas. Lo que nos demuestra el grado de orgullo y de pertenencia por las dos culturas, el intento de integración al hablar en la lengua del país, y el definirse como descendiente croata primero y después la nacionalidad de su país.

También al finalizar, vimos cómo se pararon a despedirse de la organizadora para felicitarla por el evento, por lo que este grupo no solo está interesado, sino que se convierte en actores activos en estos eventos.

Como conclusión, decir que el evento fue un éxito, al valorar el número de asistentes, (ya que faltaron asientos para el gran número que llegaron), como por la interacción en la recepción ya que todos interactuaban con todos.

9.1.3.2 *Observación Participante: Salsa en Ritan Grada*

A través de una antigua compañera de piso, (L.O. de Lituania), que sabe de mi proyecto de investigación, me dice que ella va todos los miércoles a bailar salsa y que suelen ir también latinos. Acordamos en vernos el próximo miércoles allí. No tenía mucha idea de lo que me iba a encontrar; por lo que me había dicho L.O., es una sala pub que los miércoles se dedica a salsa, a las 20:00 hay dos horas de clase de salsa gratis, (ya me dijo que el profesor es croata), y que después se quedan todas las noches, quien quiera, a seguir bailando como un bar normal.

Quedo con L.O. sobre las 18:00 para tomar café antes y que me cuente un poco. Me comenta que los croatas, son unos apasionados en bailes latinos, y que, aunque hay muchas más salas, que las más grandes e importantes son: Ritan Grada, Buena Vista y BOOMB.

Me cuenta L.O., que ella dio clases en Lituania durante muchos años y disfruta bailando y es su afición. Llega un amigo suyo croata M.P., nos presenta y le explico un poco mi interés por ir esta noche a Ritan Grada, afirma que si suelen ir latinos y que él lleva muchos años bailando todo tipo de baile latinos. Va todos los miércoles a bailar y los sábados a las salas citadas anteriormente y si puede, a los festivales que organizan en Zagreb o en otra ciudad. Les pregunto, si en su grupo de amigos tienen amigos latinos y me comentan que no, que conocen a bastantes, pero de ir siempre a salsa, que siempre son los mismos y ya se conocen y siempre coinciden en las fiestas que se organizan, pero que no suelen verse fuera de la salsa. Les pregunto si aparte de la salsa están interesados en otro aspecto de su cultura y me comentan que en su comida y en la lengua. A los dos les gustaría aprender español.

A las 20:00 nos dirigimos a Ritan Grada. Está ubicada en la plaza central de Zagreb, en uno de los edificios más altos de esa avenida. Edificio grande lleno de cristaleras. Parece más bien de oficinas. Entramos y subimos por una amplia escalera con una alfombra roja. Está ubicada en la primera planta. El pub es amplio, con una gran pista de baile, tiene una terraza que cubre todo el edificio con unas vistas privilegiadas a la plaza.

Comienza la clase de salsa: me sorprende que el profesor sea croata. Somos un grupo de 20 personas y a primera vista me parecen todos croatas. Comenzamos la clase y me doy cuenta que todos ya tienen bastante nivel. En un descanso me acerco al profesor para hablar con él y me dice que él lleva muchos años dando clase de salsa y toda una vida bailando, que sabe un poco español, pero solo por las canciones, le dejo que me hable sobre el tipo de baile que le gusta más, para preguntarle si a sus clases suelen ir también latinos, me comenta que sí que vienen, que muchos tienen el ritmo, pero después le falta técnica, pero que la mayoría van después de la clase para bailar y pasar un buen rato. Le pregunto si hay alguno está noche y me señala a dos jóvenes del fondo, seguimos hablando de música y comenzamos la siguiente parte de la clase.

Cuando se termina la clase sobre las 22:00, comienza a llegar más gente, todos bailan unos con otros todo tipo de bailes latinos. Me acerco a las dos jóvenes que me había señalado el profesor y me pongo a hablar con ellas. Son mexicanas y están ahí porque están haciendo un tour por Europa de turismo, una de ellas ya había estado en Zagreb y se acordaba de este lugar. Le pregunto si la elección de la música o el ambiente le gustan, o le recuerdan a lo que ellos están habituados a ir y me dicen que sí, que les encanta. Me comentan que los croatas bailan muy bien salsa, pero que a la hora de improvisar no saben.

Después de un rato y viendo que no hay más latinos, me dispongo a ir a casa.

Esta observación la vuelvo a repetir a la siguiente semana, ya que insisten que es un punto de encuentro de latinos. Esta vez voy con mis amigos del Croaticum de la facultad, H.H. y D.C., que han quedado también con más latinos de su clase.

Quedamos a las 20:00 para poder ir a la clase, ellos están muy interesados en aprender porque admiten que no saben bien los pasos, pero entre risas, dicen que cuando aprenden le ponen más arte que los croatas, pero admiten que los y las croatas bailan muy bien. Me comentan, que también van a la otra sala, Bella Vista, porque conocen al profesor y le deja que vayan gratis a sus clases porque suelen ir más chicas que chicos y así se compensa.

Entramos en la sala y vuelvo a encontrar mayor porcentaje de croatas que de latinos, todos se conocen ya y no veo ninguna separación de que se formen grupos, todos se relacionan entre todos a la hora de bailar.

Aunque los profesores suelen rotar para dar clases, coincido con el mismo profesor, me acerco para hablar con él y me comenta que una vez al mes suelen hacer fiestas temáticas o de bailes o celebrando el día de algún país suramericano, que en Croacia se sienten muy atraídos por su cultura, sus bailes y ven muchas telenovelas, (muchos croatas entienden español por las telenovelas), le pregunto si en su grupo de amigos tiene amigos latinos y me comenta que tiene muchos amigos, pero a medida que avanzamos la conversación, en su día a día o fechas claves como cumpleaños, no aparece ningún latino en la conversación.

Vista desde la terraza a la plaza

<u>Reflexión/Valoración sobre la condición práctica de aplicación de la técnica.</u>

Por esta observación, hemos podido ver como los croatas están muy interesados sobre la cultura de suramérica, tanto por el baile, como por las personas que vienen de allí, ya que en las conversaciones entre los grupos, siempre se habla del país de origen con quien en ese momento se están comunicando.

Hemos observado, el aprecio que le tienen a su cultura, por lo que la inclusión de este grupo en este país es positiva y los suramericanos se sienten cómodos y les gusta tanto aprender, como poder enseñar ellos. Durante el baile, observamos como ellos prestan atención a la técnica del profesor y después ellos le dan consejos en la manera de moverse o de improvisar.

El baile es un medio para relacionarse y para conocer gente autóctona, que los descendientes saben y se sienten motivados también a acudir a este tipo de eventos, para conocer a gente y poder practicar croata como ellos me dicen durante las reuniones.

9.1.3.3. *Observación: Encuentros Croaticum*

Durante 3 meses, me suelo reunir una vez por semana, (los jueves), con mis dos informantes, para tomar algo en la cafetería de su facultad, donde acuden otros descendientes. De estas reuniones paso a transcribir afirmaciones de los estudiantes:

Antes de la llegada a Croacia, tenían estereotipos y prejuicios sobre la tierra de sus antecesores. En algunas familias se hablaba mucho de Croacia, especialmente los abuelos a los nietos.

"...los que se fueron, en general eran todos muy croatas, católicos...y/o tenían una imagen de Croacia como un país muy conservador, por la religión, el patriotismo..., cuando vine por primera vez, me di cuenta que no todos los croatas son patriotas. Ahora sé, que puedes ser croata, querer a tu patria y también tener nostalgia de la época de Yugoeslavia. En Argentina era, o sos Croata o sos Yugoeslavo"

Por lo general, todos tenían antes de su llegada una imagen positiva de la tierra de sus antecesores.

La mayoría de ellos vienen sin saber croata, porque en su casa ya no se hablaba croata, (la mayoría son ya de 3ª o 4ª generación).

Todos estaban de acuerdo en afirmar, que en un principio, los croatas les parecían fríos, poco accesibles y muy formales. Además, destacaron las diferencias al conocerse y los modos de saludarse; en Croacia las personas saludan estrechándose la mano, el saludar con un beso en la mejilla, se practica con familiares o amigos que hace un tiempo no se ven, o en celebraciones especiales, (cumpleaños, fiestas, año nuevo).

Los primeros días de estancia en Zagreb, los describen como raros y difíciles "...no conocían a nadie, no sabían ni que podían comer, todo era una lucha. Al principio fue difícil, la gente te resulta rara, otro estilo de vida, no sabes cómo interactuar".

El hecho de vivir en las residencias estudiantiles, representa una ventaja para los jóvenes, dado que al residir en el mismo lugar rápidamente se conocen entre sí y se hacen amigos. "...los latinos estamos siempre juntos, nos conocemos todos". La convivencia permite reunirse diariamente, organizar salidas o simplemente juntarse en alguna habitación. En las cocinas de las residencias universitarias, a pesar de sus simples condiciones, con ocasión de celebrar algún cumpleaños, se prepara comida

típica por nacionalidades. "...con los latinos lo pasamos en la cocina del dom, (residencia universitaria), no nos pusimos de acuerdo para alguna fiesta y dijimos lo importante es la compañía..., preparamos empanadas".
El idioma oficial es el español para hablar entre ellos, o el inglés si hay algún croata o extranjero. Saben construir frases sueltas y algunos ya se defienden; a la hora de pedir el café en la cafetería por ejemplo, lo dicen en croata.

Después de las primeras dificultades y a pesar de las primeras impresiones, todos los jóvenes destacaron haberse adaptado rápidamente "...me llevó una semana adaptarme, me gustaba, tenía una sensación rara, pero me sentía como en casa" "...Es como una sensación, a mí me gusta más la vida acá. Croacia es un país chico, algunas cosas son más fáciles...".

Entre las razones por las cuales desean vivir en Croacia, encontramos un estilo de vida más relajado, distancias más cortas, la seguridad y tranquilidad de las noches de Zagreb.

9.2. Anexo Práctico: Entrevista

Justificación

Las entrevistas, son una parte importante del trabajo antropológico, la mayoría de trabajos a los que hemos tenido acceso, así lo demuestran, aunque debemos estar preparados, para las complicaciones que posteriormente nos puede plantear el propio objeto de estudio. Entrevistaremos descendientes croatas de diferentes generaciones, pero que estén establecidos en la ciudad, para conocer mejor su adaptación y sus sentimientos de identidad después de varios años.

Desde que se planteó este proyecto, sabía que las entrevistas tenían que ser una parte importante de nuestro trabajo, puesto que nos posibilitaba acercarnos, para así intentar conocer desde dentro, las estructuras y discursos en primera persona, y además, no es solo observar cómo se desenvuelven y las costumbres que tienen en la ciudad, sino de sus sentimientos y su forma de percibir la vida, aparte de que el constructo de su identidad, comienza desde otra generación anterior a la suya y la única forma que tenemos de saberlo, es entrevistándola.

Además, esto ha de ser complementado, con su expresión en la propia sociedad y cultura croata, es decir, observar el grado de aceptación de sus mensajes, esto será estudiado con otras técnicas, como la descripción densa en la observación participante, para ver cómo interactúan con la población autóctona.

Comenzaremos abordando esta técnica de forma general, para más tarde, aproximarnos a los objetivos concretos que nos proponemos alcanzar. Expondremos las ideas del

sociólogo Pierre Bourdieu, por su interés en lo que se refiere a esta cuestión:
"¿Acaso la relación encuestadora en sí misma, al crear una situación de interrogación teórica, en la que el interrogado se interroga a sí mismo sobre hasta lo que entonces le resultaba aproblemático y autoevidente, no crea una alteración esencial, capaz de introducir un sesgo significativo en todas las otras observaciones recogidas, mucho más crucial que todas las distorsiones del etnocentrismo?" (Bourdieu, 1992:48).

Es interesante que tengamos presente, que el entrevistado al ser preguntado, puede que se cuestione a sí mismo cosas sobre las que nunca ha reflexionado. No debemos olvidarnos, del posible sesgo que puede introducir la persona, a la que se le cuestiona cuando reflexiona sobre esos aspectos.

Según la competencia específica de cada productor, esta formación de compromiso, para hablar con palabras de Freud, es el producto de estrategias de eufeminazión, estrategias que consisten en dar forma y en introducir formas, cosas ambas que se producen inseparablemente: esas estrategias, tienden a asegurar la satisfacción del interés expresivo, pulsión biológica o interés político, (en el sentido amplio del término), en los límites de la estructura de las posibilidades de beneficio material o simbólico, que los diferentes productores, formas de discurso, pueden procurar a los diferentes productores en función de la posición que ocupan, es decir, en función del lugar que ocupan en la estructura de la distribución del capital específico que está en juego"(Bourdieu, 1985:109).

Por tanto, en las entrevistas realizadas, hemos tenido presente la generación que emigró y las causas. Sabemos que las entrevistas van a ser complicadas, porque son relatos de vidas y recuerdos de la infancia, donde fácilmente, se pueden perder en sus recuerdos y desviarse del foco principal; aunque sabemos, que todo lo narrado es importante para crear una idea final, si deberemos de estar atentos en centrarnos en los objetivos propuestos en nuestra tentativa de proyecto.

Tal y como afirma Bourdieu, en muchas ocasiones se plantearán cuestiones que nunca se le hubieran ocurrido. Nuestras entrevistas, están dirigidas a personas que viven su vida en otro país que no es el suyo de nacimiento, y puede ser, que nunca se hayan hecho planteamientos referentes a conceptos de identidad o de identificación con el grupo hasta ahora, y que reflexionen en el momento de planteárselas.

Las entrevistas, se han realizado en los lugares que nuestros entrevistados han propuesto, desde un principio, y con el fin de conseguir la cita deseada, hemos dicho que sí a cualquier propuesta de hora, día y lugar determinado, teniendo en cuenta siempre la disponibilidad que tenía por las horas de trabajo en el colegio.

9.2.1 La muestra.

Como hemos destacado anteriormente, se han realizado 5 entrevistas, de las cuales, la primera fue a través de mi tutor del colegio. Ellos se conocen de trabajar juntos como guía turístico de la ciudad de Zagreb. Mariajan le comentó de mi proyecto y la primera entrevistada se ofreció encantada a concederme la entrevista. A través de D.P., me dio una lista con 8 personas de su círculo, con el perfil de descendiente croata, que estuviera viviendo en Zagreb en ese momento, de las cuales, al ser contactadas todas, quedaron 3, por ser el perfil exacto del objeto de estudio de este proyecto.

Por otro lado diferente, a través de mi nuevo compañero de piso español R.B., me pasó el contacto de un amigo suyo, y este a su vez, me pasó el contacto del último entrevistado.

Como vemos, ha sido muy importante la red de amigos y los informantes se han ido encontrando, por la técnica de bola de nieve, puesto que una vez entrevistado, siempre se ofrecían a ayudar, poniéndome en contacto con personas de su círculo de amigos.

Decir, que todas las personas con quien me puse en contacto, estuvieron encantadas de concederme la entrevista, y de posteriormente ayudarme en todo lo que pudieran. Una vez finalizada la entrevista, todos mostraron interés en seguir en contacto, como posteriormente me mostraron de vernos, charlar o quedar a eventos juntos (y con los que, con algunos, todavía hoy, mantengo contacto).

Consciente de que el tema de la entrevista, son recuerdos muy personales, y que como dice el ya citado a Bordieu, a veces ni se habían planteado esas cuestiones, sabemos que hubiera tenido más profundidad entrevistar a la misma persona en diferentes sesiones. Aunque bien es cierto, que las entrevistas fueron profundas, largas y con límite de tiempo el que el entrevistado quería, si notamos como después de hora y media, se sentían cansados y un poco bloqueados y divagaban más.

La forma de contactar con ellos ha sido directamente por teléfono y las posteriores citas han sido cerradas por este mismo medio, por lo que vemos la cercanía que nos mostraron desde un principio. Solamente una de nuestras entrevistadas, prefirió la vía email, también es verdad que ella fue la primera que se puso en contacto conmigo, ya que D.N. le había hablado de mi proyecto y requería más información para ver si ella entraba en el perfil, una vez mantenida conversación por email, las demás conversaciones fueron todas a través del móvil.

Tenemos que agradecer el trato recibido por todos, se han interesado por nuestro objeto de estudio, e incluso nos han incluido en sus círculos de familiares y amigos. Resaltar que mi primera entrevistada se convirtió, aparte en mi informante, puesto que se ofreció en todo momento a colaborar, asumiendo ella el proyecto como en parte suyo.

9.2.2. Condiciones prácticas de aplicación de las entrevistas

Todas las entrevistas, se han realizado en los lugares que han determinado nuestros entrevistados, han sido lugares públicos, menos con dos de las entrevistadas que fue en su hogar, puesto que el lugar de la realización de las entrevistas, ha sido en los lugares que ellos han elegido y que suponemos, que son lugares frecuentados por ellos, son sitios donde se sentían cómodos y no extraños.

Evidentemente, conforme iban pasando las entrevistas a los entrevistados, más confianza íbamos cogiendo, realizando las preguntas con más fluidez; antes de acudir a la entrevista, nos informábamos de la actualidad de su país, como de los datos de emigración que están expuestos en la página del Ministerio de Exteriores Croata, para no ir perdidos a la entrevista.

Hemos decidido comparar, nuestras entrevistas de las diferentes emigraciones que emigraron y los descendientes que volvieron, para saber los diferentes recursos que se usaron para la conservación y transmisión de la identidad. Por otro lado, también queremos analizar, como los retornados se relacionan en su nuevo contexto, independientemente de la generación que vuelva o de su país de origen.

Y a los grupos de estudiantes, que aunque descartamos hacerles una entrevista debido a la poca conciencia que tienen de momento del choque cultural al llevar solo meses en el país. Nos quedamos con las impresiones que tienen antes de venir al país, de la idea que se forjaron en sus cabezas con el hecho real en el que vivían ahora, cuáles son sus costumbres y a los grupos que eligen para relacionarse.

Estos discursos se concentran dentro de un contexto dentro de la emigración, diáspora y de los retornados. Son temas profundos de sentimientos, de miedos y emociones. Decir que nunca hemos notado los discursos dramáticos y algunos como es el caso de la diáspora sabemos que sufrieron mucho, siempre positivos y con añoranza, pero ni con rencor ni odio. Siempre dispuestos a hacerse entender y hablar lo más claro posible.

A veces fue difícil encauzar la entrevista a puntos que queríamos analizar por el tema en sí de la entrevista ya que para llegar a la idea en sí tendría que pasar por gran número de anécdotas que le vienen a su memoria.
Hemos realizado el análisis de las entrevistas haciendo una transcripción completa, nos parecía interesante realizar una transcripción completa para que nuestros lectores conozcan con la mayor objetividad posible las palabras concretas de nuestros entrevistados, aunque nos ha llevado mucho más tiempo precisamente por la transcripción, posteriormente

hemos realizado el análisis al final, uniendo los puntos en común y las diferencias de los diferentes relatos.

Ya hemos resaltado lo fácil que nos ha resultado la entrada al campo y la gran acogida que hemos tenido tanto para relacionarnos con ellos como para que nos concedieran las entrevistas.

Todas las entrevistas han llevado el mismo guion con el orden cronológico ha sido una entrevista semiestructurada porque en muchos casos el ritmo lo marcaba el entrevistado al ser recuerdos de su infancia, iban y venían de un país a otro teniendo que encauzar la cronología histórica para que estuviera lo más claro posible.

Como ya se ha mencionado, desistimos de realizar la entrevista a nuestros informantes estudiantes. Principalmente por el diferente grado de discurso que tendrían estas personas frente a los ya entrevistados, porque no tienen las mismas perspectivas, ni discursos, esto no significa que estas personas no tengan un grado menor de conocimiento, pero no se tratarían de forma equitativa la comparación de las entrevistas y esto podía hacer que muchas de nuestras conclusiones relacionadas con esta técnica fueran falaces.

Hemos tenido en cuenta la triangulación de datos, preguntándole a nuestros entrevistados por los mismos temas, para después verificarlos o no con los demás entrevistados.

9.2.3. Transcripción de la técnica

-Entrevistas a descendientes croatas con residencia en Zagreb, Croacia.

Análisis de las entrevistas a descendientes croatas de 3ª y 2ª generación.

El profesor Marijan Birus que como he explicado en otras ocasiones ha sido aparte de mi mentor en el colegio también mi confidente durante el proyecto. Él trabaja en temporada alta como guía turístico de Zagreb con grupos de alemanes y me comenta que entre el grupo de los guías tiene una compañera que es peruana, que le va explicar acerca de mi investigación y le va a preguntar si está dispuesta a concederme la entrevista.

En varios días me escribe Marijan con la dirección de correo electrónico de su compañera para que me ponga en contacto con ella. Al día siguiente llamo a D.P. me presento y le digo que soy compañera del profesor Marijan en seguida se pone en situación y ya sabe que es por lo de la entrevista, me comenta que esta semana está un poco liada con los grupos turísticos y que el fin de semana sale con un grupo al parque nacional me dice muy amablemente que vuelva a ponerme en contacto el martes para concretar el día pero que si tengo mucha prisa puedo ir viendo una entrevista que le hicieron referente también a su vida que está colgado en YouTube. Nos despedimos y rápidamente busco el vídeo, aparece ella junto su marido por las calles del centro del barrio alto de Zagreb, pero la entrevista está en croata y no he adquirido el suficiente dominio como para entenderlo, debo esperar a mi compañero de piso para que haga la labor de traductor. El martes 31 de Mayo por la mañana temprano alrededor de las 9.30 llamo a D.C. y me dice que encantada de hacer la entrevista y que podría ahora si yo quisiera, le digo que perfecto. Le pregunto dónde y a qué hora le viene mejor la hora para la entrevista y le sugiero que sea en un sitio tranquilo porque si no es inconveniente me gustaría que la entrevista fuera grabada, me dice que no hay ningún problema en que sea grabada, y en una hora podríamos vernos en su casa, me dice que me pasará la dirección por la aplicación de WhatsApp, nos despedimos y colgamos el teléfono. Al segundo me llega un WhatsApp con la indicación de donde vive, lo intento buscar por google maps, pero no me aparece su dirección, le escribo para confirmar la dirección y me responde que puede ser otro nombre y me lo vuelve a escribir, me extraña que no sepa cómo se escribe su calle en croata, y tras algunas indicaciones más por el móvil no muy claras decido mejor que me guiaré mejor por GPS. Nada más colgar cojo mi material para realizar la entrevista y parto al destino. Aunque D.C. me ha dicho que vive en el centro y yo vivo a unos 30 minutos del centro en tranvía, salgo antes porque no me ha quedado muy claro sus indicaciones. Una vez en el tranvía la aviso por un WhatsApp que ya voy hacia su casa que tardaré unos 45 minutos, me dice que me estará esperando y si tengo algún problema que coja un taxi que ella me lo paga, muy agradecida por todo le digo que no hará falta que en nada nos vemos.

Ya en el centro y con la ayuda del GPS, me doy cuenta que D.C. vive en la parte alta de la ciudad, en la zona antigua y ahora turística de Zagreb, al lado de la iglesia más famosa, San Marcos, en una gran casa burguesa, me impresiona mucho, porque nunca antes había entrado en una casa familiar aquí en Zagreb y menos con tanta historia como puede tener esta casa. Una amplia fachada con tres pisos de altura, en la primera planta dos ventanales gigantes, la segunda dos balcones y ya la tercera se ve que es lo que en Andalucía llamaríamos azotea adornados de flores. La casa es de color blanco y los barrotes de los balcones y ventanas verde agua.

Llamo al telefonillo impaciente por conocer a D.C., me recibe ella muy alegremente, me hice en un principio la idea, de que tendría aspecto con rasgos peruanos, pero mi sorpresa fue que su rostro era completamente blanco y cubiertos de pecas, ojos grandes color miel y color de pelo claro, rasgos más característicos croatas, excepto por la altura al ser bajita. La entrada de la casa me recuerda mucho a las casas andaluzas, techos altos y muros anchos. Me explica que hay dos entradas, una para el servicio (que hace años dejó de existir), y otra que es la principal. Entramos por la principal, porque me la quiere enseñar, pero normalmente entra por la otra. Una escalera de forma helicoidal y con una gran alfombra roja que sube hasta el piso de arriba, directa a un amplio salón; precioso salón con muebles antiguos de época y con las típicas estufas de gas para el invierno, cuadros religiosos y militares decoran la habitación, D.C. me explica de donde vienen los muebles, de que material están hechos, y cada uno de los cuadros; pasamos al salón principal y me enseña el cuadro de su suegro, el padre de su marido que son los dueños de la casa, me explica que es la persona más importante de la familia, que fue secretario de la ciudad, un cargo muy importante, su suegra también una mujer importante y reconocida de la ciudad. Con el cambio de gobierno al sistema comunista, tuvieron que aviárselas para que no le expropiaran la casa, y que le obligaron a convivir con dos familias que no conocían en la primera planta de su casa. Me cuenta como empezaron a hacer reformas y me enseña toda la maravillosa casa. Hay un patio central abierto, cerrado de cristaleras en la primera planta que lo rodea con pasillos. En la planta baja, me cuenta que hicieron obras y que les hicieron dos pequeños loft a sus dos hijas, pero que ya no viven en la casa, porque una está casada y con un niño y la otra hija va y viene porque tiene pareja y está entre la casa del novio. Vamos a la tercera planta, hay otro salón más con un gran piano, sofás y sillones decoradas de estilo, y las paredes pintadas de un rosa salmón, me enseña orgullosa, su cuarto preferido de la casa, que es un gran vestidor, salimos a la terraza, grande y con unas vistas envidiables a la parte antigua de la ciudad, me enseña todas las flores y me comenta que su marido es el encargado de las flores. Me dice que voy a querer beber y le digo que lo que ella tome estará bien. Trae una bandeja con el zumo típico croata y unas pastitas de Zagreb. Antes de empezar la entrevista me comenta que ella estuvo unos 10 días por España porque fue a un curso para hacerse profesora de español en Madrid, que le gustó mucho el país pero que le robaron tres veces en 10 días entre risas me relata sus anécdotas del viaje.

Me doy cuenta que a D.C., le gusta y sabe la historia de su familia, de la forma que ha tenido de contarme todos los detalles de su casa, con fechas, nombres..., como al mencionarme la entrada del nuevo régimen, me dice que a ella la política le da igual y que no se mete en ella, que ellos fueron migrantes económicos porque su familia eran empresarios y le querían expropiar todo.

Cuando termina de contarme su experiencia en España, veo que empieza a contarme la historia de su abuelo, lo que muy amablemente le interrumpo un segundo, para preguntarle de nuevo si no le importa que le grave y le explico cómo va a estar estructurada la entrevista.

9.2.3.1. Entrevista 1ª: Entrevista a descendiente Croata de 2ª y 3ª generación.

Después de las preguntas de datos personales tuyos, la entrevista se va a dividir en tres categorías diferentes:
La primera parte, me interesa que me cuentes los recuerdos que tengas de tu infancia allí en el Perú. De las costumbres croatas que tenían tus padres, tanto dentro del hogar, como en otros ámbitos, como reuniones con amigos, clubes, eventos de costumbres croatas...

La segunda parte de la entrevista, me gustaría que nos centráramos cuando ya emigráis a Croacia, los motivos, tu adaptación al nuevo país y las costumbres que conservas del Perú estando en Croacia, tanto dentro de tu hogar como en otros ámbitos.

Y la última parte, la basaremos en aspectos personales de sentimientos hacia las dos patrias. De todas maneras, yo iré preguntándote para guiarte si quieres.

TRANSCRIPCIÓN DE LA ENTREVISTA.

D.C.: "Bueno, el primero que emigró fue mi abuelo en 1870 a los 16 años, ellos son de la parte Rijeka, su familia tenía 16 hijos y en esa época había bastante hambruna, se fue él en el barco de su tío a América, y claro, luego hizo allá dinero, volvió 30 años más tarde; él se metió en el barco sin avisar, mi tío no sabía nada."

(de repente suena un cañonazo de la torre y me explica que es normal, que todos los días a las 12 en punto, se conmemora la no entrada de los turcos en Zagreb, porque los turcos nunca llegaron a Zagreb, porque llegaron hasta el sur de Sava, (el rio), y el agua estaba tan alta que era arriesgado pasar todo un ejército sobre aguas altas, ya que sabían que la ciudad de Zagreb estaba amurallada, que tenía agua dentro, entonces o eras imbécil o era bien tonto y arriesgado asediar una ciudad así y se dieron la vuelta; claro que la leyenda dice, que el cañonazo, la bala del cañón cayó sobre el pavo que ofrecía el cocinero a su sultán y que claro empavorecidos se mandaron mudar, pero claro juegos de palabras solo se hace en castellano, se fueron..., me cuenta también una anécdota que le pasó con un grupo de españoles cuando ella estaba de guía cerca de esta torre).

"bien... entonces a mi abuelo lo dejan en el callao, en el puerto, pero la corriente era tan fuerte, que llega a un puerto de pescadores, nadando hasta la orilla medio muerto, lo toma una mujer, la hija del pescador se enamora de él y tarara tarara..., pero él dice no, no he venido a ser pescador a América, he venido a hacer dinero, tengo que buscar a tal tal, y tal tal, es la tía de este tío que lo trajo, la hermana de la tía tenía su marido y una pequeña tienda de ultramarinos y allí aprende a hacer el abastecimiento de la tierra, entonces, en un momento dado, un par de años más tarde, los tíos estos dicen: tú nos alimentas hasta nuestra muerte y nosotros te dejamos la tienda; y él otro dice no he venido a ser tendero, los voy a alimentar hasta su muerte, no se preocupen ustedes; vende la tiendita ésta y se va a la sierra y en la sierra claro, como es pequeñito también de estatura y muy bueno y generoso, los indios que también son pequeñitos simpatizan, y les dicen "taita", que es señor, aquí hay mineral y él de todos los que hacían abastecimiento a las minas..., cuando ahorraba algo, compraba pedazos de terreno de cerro, en una de estas, tiene todo un cerro, y se junta con uno, bueno ya pasaron varios años, se junta con un suizo que da el capital y él pone el cerro y forman la mina de dos amigos; se llena de dinero y se viene acá, a su pueblo natal; hace muchas cosas, le da muchas cosas al pueblo natal, especialmente la torre de la iglesia, la escuela, que sabré yo..., muchas cosas, además le compra una casa a sus padres, se las deja a sus hermanos, conoce a 6 más de los hermanos que no había conocido, porque se había ido temprano, y resulta que muchos de ellos, se habían entre tanto muerto, por la hambruna, ahí todo el mundo moría a una edad bastante joven, y dice que bueno, que al final se va a Zagreb, y no ha llegado ni a Zagreb, que se entera que los hermanos han vendido la casa y han devuelto a los padres a la pequeña casita donde vivían siempre, o sea que les hace cruz, eso es una característica de Pullisek, mi nombre paterno, y se acabó y ya se acabó, y él no se entera de nada de la vida de sus tantos hermanos, nada. En el 98, cuando a mi padre lo traigo para acá, me entero que tengo más familia aquí (risas), y que son tantos, porque nosotros no teníamos ni idea. Solo he conocido a este señor Alberto y él me ha dicho que hay un abogado Mikulici y después hay un médico, que son familia pero que no hemos entrado en contacto, no tengo la menor idea de quienes son... Bueno, entonces mi abuelo se va a saludar a su amigo de primaria de la escuela, y se da cuenta de que una de sus hijas de 23 años, él ya tiene 50 que es muy bonita, muy alta, acá le queda el abuelo, (risas), el abuelo a la chica le queda al hombro, pero decide que aunque tiene varios pretendientes, ella era maestra y en este pueblo después del doctor y del cura esta es la persona más importante, por lo que no necesitaba casarse, a los 23 años se podía decir que se había quedado a vestir santos, pero solterona pero nada, este señor viene con su dinero y se la lleva al Perú nuevamente ".

P: ¿Por qué decidieron volver?
R: "Porque allá está la mina, va allí, la tiene de muñeca, porque tiene un vestido blanco todo de diamantes y un vestido verde lleno de esmeraldas y un vestido rojo todo rubíes, ¿me entiendes?, muñeca para presentar, además de darle 4 hijos entre tanto, pero no muy seguidos unos cuatro años más tarde el otro, así que el señor ya andaba por los 58 cuando tuvo el último hijo, bastante tardío y bastante para hacer hijos, resulta que ellos hablaban siempre castellano no?, pero cuando los padres querían que no entendieran los hijos, hablaban croata, porque los hijos no sabían, la mujer era demasiado muñeca para representar, no tenía tiempo de educar a los hijos, cada hijo tenía su nodriza, olvídate allá tenían un montón de dinero, no necesitaban..., lo sabes, lo peor es que mi madre nos contaba, que a veces tenían 15 minutos al día entre las 7 y las 7 y 15 de la noche, para saludar al padre, para saludar a los padres, hola hola, ¡15 minutos al día! Terrible, bien pero entonces volvieron, mi padre tenía, volvieron en el 92, o sea que mi padre tenía 11 o

12 años".

P: ¿Por qué decidieron volver esta vez?
R: "Porque ya mi abuelo, ya mi abuelo era mayor, ya estaba en los setenta y tantos y ya quería volver acá, dejó todo bien hecho por allá, y mi padre perdió dos años de colegio porque tenía que aprender el idioma, pero bueno, llegaron a primeros de febrero y claro ese año lo perdió y el próximo también."

P: ¿Se mudan a la capital no?
R: "Si, aquí mi padre se muda en el 40, y entre tanto ellos tienen dos casas en Rijeka al borde del mar y claro tienen una casa en Bled en las montañas, porque cuando hacía demasiado calor los padres se iban a Bled. y una casa acá y 5 casas de alquiler, en el 45 a mi padre le quitan todo".

P: ¿A qué se dedicó su padre?

R: "Mi padre era comerciante (risas), él había terminado derecho, en el momento que hizo su último examen de derecho, porque mi madre se lo puso como condición para la boda, al día siguiente a las 7 de la mañana ya se estaban casando en la iglesia de San Juan, ¿porque?, porque él tenía muchas amigas y cuando mi madre le conoció entonces, estaba en casa de su prima.

P: ¿Tu madre era de Zagreb?

R: "Si si, mi madre era de aquí, él quería hacerse invitado por la prima y la prima le invita, pero con la condición de que trajera a su mejor amigo, la prima estaba enamorada de su amigo y esta prima llama a mi madre para tomar el té y trae mi madre un dulce que se llama medio crudo medio cocido, una pasta, la pone al horno y el otro lo decora, no tiene ni un gramo de harina ni tal..., resulta qué (risas), que este señor está ahí y se conocen. Entonces mi madre cuando llega a su casa y le cuenta a la nodriza que ha coincidido con el hombre de su vida y esta le pregunta quién es y le dice José F.F.G. y ella dice ahggg!, porque a él todos le conocían, era joven, tenía coche, y en esa época nadie tenía... y era de dos asientos, descapotable, el primer chico con coche en Zagreb; y entonces le dice la nodriza, si le quieres, tendrás que seguir mis consejos y le dice tres meses lo mantienes a distancia, llama este a la señorita, blanca está tocando el piano no puede interrumpirla, llama de nuevo otro día, la señorita blanca está jugando al tenis, está paseando con su padre..., que sabré yo, cualquier tontera por no dar, al final de los tres meses eh!, le dice bueno, puede venir y se van a pasear pero vigilados desde la ventana, tiene la posibilidad el permiso de 300 metros de un lado y 300 metros del otro, que ella pueda ver y controlar desde la ventana (risas), al cine iba con la Queta, al café iban con la Queta, ay dios, él otro ya no sabía qué hacer, llega año nuevo y dice invita a la terraza del hotel Esplanada, e invita a 400 personas para perderse bailando con mi madre entre la gente, y después del año nuevo, viene que estaban también invitados los padres y les dice, le pido la mano de su hija, y él otro le dice: Jovencito duérmase la embriaguez y después hablamos (risas), después de año nuevo quien.. y bueno unos diez días más tarde llega a la casa anunciado, llega a la casa de mi madre con su madre, mi abuela, porque ya su padre había muerto, hacia 13 años que ya había muerto y este llega a la casa y la otra abuela, la mama de mi mama le dice: "señora sepa usted que, si su hijo recibe o se casa con mi hija, que ha recibido más valor de lo que es" no? ¿cómo es la cosa? no, "más valor de lo que valen todas sus minas juntas", nunca más se hablaron, nunca más se hablaron y claro, mi madre vino aquí al centro al parque este, detrás de la catedral hay un parque que era antiguamente un pantano y allí hay una casa, ahí ellos tenían el apartamento de mi padre y allí se muda mi mama y todos los viernes tiene que ir al piso de arriba, al piso de la suegra a comer y como es viernes siempre sirven sopa de tomate y mi madre detestaba la sopa de tomate (risas), o sea que le hizo la vida terrible, terrible! y claro esto... se casaron, en el 40 viene la guerra, mi madre en el 41, con el avance de los alemanes pierde al bebe y ya saben que es niño, pero lo pierden y se quedan en Zagreb todo este tiempo, mi padre tiene minas de carbón acá en Croacia, pero empezó como comercio en realidad, porque él hizo 4 casas para alquilar. En el 40 ya tenía 41 años y mi madre le dijo termina la carrera o no nos casamos, o sea que el día siguiente del examen se casaron, pero claro nunca fue abogado ni nada, pero si dice que le ayudo mucho para entender leyes en el Perú, luego, después. Sí, para saber leer las leyes le ayudó bastante, y claro estos años de la guerra muchas anécdotas, tal y tal, pero en el 45, uno de sus mejores amigos que había ido a ser partisano, que se había ido al bosque como le dicen acá, eh... regresa una noche y una de esas noches de hora policíaca, el toque de queda, cuando es el toque de queda, llaman a la casa. Es este amigo suyo, muy buen amigo suyo, que está casi hambriento y le dice: "¿qué tienes en casa?" y le dice: "yo lo único que tengo son huevos", le hizo una tortilla de 36 huevos que este se las comió y, nada... y luego, cuando en el 45 viene la liberación como la llamaban entonces, a mi padre le quitan todo lo que tiene, no tiene nada que hacer y le sugieren que sea consejero para las minas de carbón del norte de Croacia, eso es jubilarlo, eso no es nada, a los 36 años consejero ¿no? es jubilarse a los 36, y entonces él decide que tiene que irse, y además decide también, porque va a Belgrado donde su mejor amigo, que ahora es ministro de relaciones exteriores, era una gran fiera en tiempos del comunismo, del bosque llegó a amigo de Tito y tal, hizo relaciones exteriores, y viene un junio después de la liberación, es el 8 de mayo, va y le abre la puerta y le da la tarjeta de visita y ve a través de la puerta medio abierta, que él otro dice, J.F.G. no conozco, él dio media vuelta y dijo, de aquí me voy, porque si mi mejor amigo no me conoce, entonces aquí no tengo nada que hacer; me van a sacar, me van a cortar la cabeza; se fue y se fue a Karlovach con mi mama, despés a Rijeka, y allí con otro amigo que le dio el salvoconducto, el paso, se fue a otro pueblo de Rijeka en la parte oeste de Rijeka, y de ahí en camión frutero que iba a Triestre por fruta; son 60 kilómetros, entre 45 y 60 según la ruta que tomes, lo haces en una hora u hora y media, este lo hizo en 9 horas, porque acá los partisanos los paraban para registrar, y él tenía en un maletín de doble fondo, tenía dinero y tenía joyas, piedras; yo tengo una lista de cosas que hacen que le confiscaron a mis abuelas y dice anillo, tara, tara, descripción de la sortija, sin piedra..., pulsera sin piedra, así una lista enorme con 23 cosas que les confiscaron a mi abuela en ese momento, sin piedra, porque mis padres se habían llevado las piedras para empezar de nuevo por donde sea, y bueno entonces, al día siguiente el señor este su mejor amigo, que era como se llama, director de películas, que se iba oficialmente hasta Birlen, lleva a mi madre como secretaria, sin papel ni un papel, cuando pasa la frontera en Trieste, el pibe le dice y ella..., no no es mi secretaria, pasó tranquilamente, claro este señor era otra fiera comunista, y eran muy buenos amigos, no entendían, este era capitalista total y él otro comunista, tal pero eran amigos, que se le puede hacer no?, y el señor saca a mi madre tranquilamente desde Trieste, pero no tiene papeles, mi padre tiene que ir al consulado peruano para sacarle el pasaporte salvoconducto. Mientras tanto, era julio agosto, dos meses que el consulado estaba cerrado y mi padre se divertía en la buena vida por toda la costa y mi madre no podía moverse ni acercarse a la ventana de Trieste, porque si le agarraban no tenían ni un solo papel, y él otro paseando, buscando al cónsul, al embajador, que entonces le da finalmente el salvoconducto, y ellos se van hasta Montrog, donde estaba la hermana. En enero se embarcan y se van hacia América, pero las pascuas las pasa con la tía M. la hermana de mi papa; y lo mejor salen de Cádiz, este barco era un barco de carga de Roma a Montrog y de Montrog a Cádiz, y claro en Cádiz mi padre le dice, nos estamos yendo ya, ahora estamos a salvo podemos hacer hijos, a mí me llaman hija de Cádiz; y luego entran al barco, y era un barco que había unas cuantas cabinas y el resto era de carga, y mientras está en la cubierta esperando a que mi madre se termine de arreglar eh, se le acerca un pequeño señor y le dice esto, cuál es tu gracia? y el otro como no sabía que quería decir eso, le dice disculpe usted, no nos tratemos de tú..., oh disculpe y se va, resulta que él señor era noble, de sobrinos verdes y quería subirlo a su nivel, dándole el tú, diciéndole ¿cuál es tu gracia? ¿Cómo te llamas?, pero lo quería subir a su nivel de nobleza y él otro le dice no aquí oye; cuando se sientan en la mesa del capitán y ven que este señor era dueño del barco, oye mi padre se siente más pequeño que..., más pequeño que la hormiga, oye que bárbaro; después se hicieron buenos amigos. La señora se llamaba D., y por eso yo soy D., ellos esperaban bebes y yo nací en noviembre. Aparte de J.F., mi partida de nacimiento tiene todos los nombres la J.F.C, y después nace mi hermana otra hija y mi padre, mando un telegrama acá informándole que era otra niña, porque él siempre pensó que traería hombres a la familia.

P: ¿Entonces donde os instalasteis al final?, ¿en Lima?
R: "Si en Lima, él empieza a trabajar en la mina como uno de los directores, claro hijo del director".

P: ¿La mina seguía funcionando?
R: "Si si".

P: ¿Y el idioma español, se acordaba o tuvieron problemas?

R: "Si"

P: ¿Tu madre lo tuvo que aprender?
R: "Lo tuvo que aprender, pero como ella era muy inteligente y además muy talentosa, tenía mucho talento para los idiomas, ella hablaba francés, inglés, latín y griego y alemán, yo me acuerdo que una vez un jesuita vino a casa y que ellos hablaban del tiempo en latín, ¡del tiempo!, porque claro, yo hablo de la misa en latín, pero no del tiempo, hablaban de lo más tranquilos del tiempo entre ellos dos...

P: ¿Entones no tuvieron problemas de adaptarse?
R: "Nada, y además entre todos los croatas que había en el Perú ella era la que mejor hablaba".

P: ¿Conocíais a más croata en el Perú?
R: "Si, en Lima había bastantes, éramos un 2 por ciento de croatas".
Llega su marido y me lo presenta (hablan en croata), le dice en español: no es que no puedas oír, es que me desconcentra, que estamos aquí en pleno (risas). Él continúa en croata y ella me traduce: que el jardinero se despide.
"Resulta que así es, después de una niñez súper dorada..., hay muchos recuerdos..., íbamos muy jóvenes, a pasar tres meses de vacaciones a unas tres horas de Lima, donde había un hotel con bungalós y la playa delante y además de piscina y todo y mi padre se iba a Lima, volvía todos los fines de semana, y estábamos, ahí tengo una foto en la que estábamos mi madre y nosotras dos con el mismo vestido.

P: ¿Vuestra madre os hablaba en croata?
R: "Bueno, nosotras contestábamos en castellano, mi hermana y yo, pero entendía y preguntaba en croata y

devolvíamos en castellano, y yo me acuerdo, que cuando estábamos entre niños de la colonia, es decir con los otros croatas, entonces nos decía mi madre desde la otra habitación, nosotros estábamos en el salón de música donde estaba el piano, era un salón de juegos, allí nos decía frases en croata, que quiere decir en nuestro idioma, hablan en lo nuestro y nosotros decíamos tres palabras y después pasábamos al castellano, y claro y mezclábamos, que eso es un horror".

P: ¿Erais muchos en la colonia?
R: "Si éramos bastantes".

P: ¿Ibais a la misma escuela?
R: "Si, teníamos en la escuela, era de 8 y 10, a 12, y de 12 y 10, a 4 y 30, y a veces, teníamos actividades extra, y claro nos quedábamos a almorzar, pero claro no nos daban almuerzo en la escuela, sino que mi madre nos traía o mandaba al chófer con el almuerzo. Un buen almuerzo teníamos que...

P: ¿Y en la escuela se aprendía croata?
R: "No, y allí ahora hace tres años, fui a celebrar la salida del colegio, y me encontré con 70, estilo americano. Éramos tres clases la generación que se graduó en el 73, pero éramos 102 que nos graduábamos juntas, y tres habían muerto y 15 viven afuera, de las cuales 7 no querían saber de nosotros. Al final éramos 70 los que nos encontramos, y un programa de 4 días; un balneario y noches y noches, nos pasábamos las noches hablando, jugando a las cartas, o nos contábamos las anécdotas de nuestras vidas; si un fenómeno y claro una de las personas más interesantes era yo caramba, tenía bastantes anécdotas diferentes y luego al final, el sábado, era el almuerzo en el colegio antiguo y el viernes en la tarde teníamos misa con el cardenal, puesto

que la presidenta de nuestra clase de nuestra generación, es hermana del cardenal de Lima, entonces, nosotros estábamos ahí, llega el cardenal, y Luis Miguel acá, Luis Miguel (el cardenal) allá, todo era que no sé qué y él nos dicen, es por los menos su excelencia el titulo (risas), y nosotras le decíamos Luis Miguel (risas), y luego después de la misa en la que tuve que leer yo, la... como se llama, la... no es el evangelio, es la... bueno, yo tenía que leer una cosa de estas, y al final él se desquita todo y se queda en bluse jeans, y se va con su amigo que lo viene a recoger para ver el partido de fútbol en su casa (risas)..., encantador y bueno eso fue hace dos años que fuimos, pero bueno entre ellas había montones de cosas que recordábamos, y entonces era, ja te acuerdas de..., y las monjitas eran del corazón de Jesús de Philadelphia, o sea que ingles desde jovencita, tengo inglés o sea, que para mí es segunda lengua materna, todo estaba en inglés, excepto lenguaje y el idioma y la literatura en castellano, la historia del Perú y punto, se acabó, el resto todo era en inglés. O sea que a veces, yo no recuerdo de algo en castellano, porque lo sé en inglés, algunas plantas o cosas así las sé en inglés no en castellano. O sea que una juventud fenomenal"

P: "¿Recuerdas actividades que hicierais de costumbres croatas o con otros descendientes?".
R: "Bueno... eso de fiestas, eran bastante limitados, porque nosotros éramos los croatas como se dice esto oficiales del gobierno comunista o sea que el cónsul, no había embajador, pero había un cónsul de Yugoslavia y ahora los demás croatas que llegaron en el 52, que mis padres fueron a recibirlos, el único croata que fueron a recibirlos al Callao llegan en un barco lleno de croatas, estos croatas, son los ultras croatas, que después de campos de concentración llegan en el 52 al Perú, Argentina y a Chile, pero llegan al Perú un contingente bastante grande y mi padre le da

trabajo a uno de ellos, que era un joven de 16 años, en una de sus minas, y este señor tiene una nariz para hallar mineral y que le sirvió bastante y luego se independizó él solo, y llegó a ser el cónsul del Perú en Croacia en el 90, pero, por eso en los libros que hay de aquí, como presencia croata en el Perú, todos hablan de esos que llegaron en el 52; muy pocos hablan de los que llegaron en el 1870, muy muy poco se habla de esos, y hay entre las dos guerras, mucha emigración croata al Perú, pero todos desde las islas, porque por allá además en 1870... lo que empuja a mi abuelo a ir allá, es la epidemia que ataca a la vid, y se acabó el asunto, y acá no hay que hacer y entre las dos guerras igual, todas las islas emigran, no hay sobre las islas, no hay nadie o en el sur de Dubrovnic, en la región no hay nadie, todo el mundo emigraba... y, entre las dos guerras, tampoco se menciona esta presencia croata en el Perú, en estos últimos libros no se mencionan, ¿por qué?, porque ya se han perdido, ya se han mezclado tanto... que ya no hay, pero yo conocía a estos, a los antiguos croatas, no eran los ultras croatas, porque estos ultras croatas que yo te hablo, que eran más bien... que eran más partidarios de los alemanes, con los Ustasha.

P: ¿No teníais tratos con ellos?
R: "Ellos todos, todos vivían detrás del cerro San Cristóbal, en la urbanización de santa Ana, y eran polleros, que criaban pollos, se hicieron de dinero, ellos si mantuvieron el idioma, los bailes tradicionales, que sabré yo...

P: ¿Y vosotros?
R: "Y nosotros no tanto, pero sí el 2 de febrero siempre se celebraba San Blas, el patrón de Dubronic, porque la mayoría de los yugoslavos eran de allí, los yugoslavos eh!, y mi madre y otro señor, eran los únicos de Zagreb y cuando le preguntaban a mi padre si era croata o no, él le decía, yo

soy Peruano, había nacido en Perú (risas), no quería meterse en conflictos, yo soy peruano (risas), pero ahí si se celebraba la misa en croata y San Blas es el protector de la garganta, entonces siempre en la misa había un candelabro con dos brazos, y uno tenía que poner la cabeza entre los dos brazos, y el obispo o el que servía la misa, te daba la bendición. Nosotros nos arrastrábamos de la risa como niños que éramos, no podíamos reírnos..., estábamos ahí, teníamos que poner la cabeza dentro... y claro después de esto, estaba el almuerzo y había esta señora, mi madrina, ella era la directora de la cocina, y entonces dirigía la cocina y todo el mundo, que claro, estábamos ahí esperando..., había cientos de gente no?, las mesas de yugoslavos, estábamos sentados dando golpes en la mesa, pidiendo el almuerzo (risas), y después había el baile y entonces bailamos un valsecito y como mi padre bailaba muy bien el vals peruano, valsecito se llama no?, entonces me dijo así de pasada: "no se mueve tanto el trasero", ay dios me quedé de una pieza, pero ya nunca más..., pero ellos bailaban tan bien, que cuando mis padres bailaban el vals, se hacía una redondela para poder verles, y claro después de unos cuantos, mi padre decía: "de lo bueno poco", y se iba, de lo bueno poco (risas), y ya está..., son cosas que una se acuerda de esos tiempos no?

P: ¿Y recuerdas a tus padres contándote historias de Croacia?
R: "Primero cuando se fueron, mi padre se fue a saludar a mi abuelo, a su suegro, y le dice, no se te ocurra decírselo a mi suegra, porque mi abuelita era radio Zagreb, y entonces en ese momento lo sabría todo el mundo, lo sabían todo, así que nada; recién que cuando salieron y desde el otro lado de la frontera, mi padre mando un mensaje diciendo, tía Teresita está bien y las palomas volaron; tía Teresita era la contraseña. Así que recién entonces, se enteró mi abuela

que esto, que se había ido su hija, ni se despidió. No, porque si no, todo Zagreb se enteraba, y ya no había manera, ya los agarraban en la frontera y bueno..., luego cuando estaba allá, tocaba el piano y no podíamos molestarla en absoluto, porque eran los momentos cuando ella se relajaba por horas..., a nosotras, nos enseñó todas las canciones, y todas las navidades mandábamos un disco para los abuelos, yo tengo acá grabaciones en cds de esos discos antiguos que nos lo han pasado a cds, sé que los tengo todos y eh! para tenerlos, porque los discos ya nadie tienen tocadiscos ni nada (risas), entonces mi madre nos enseñaba montones de canciones y nosotras las cantábamos para las navidades, siempre para los abuelos. Yo recuerdo, que es tanto el volumen de canciones que sabíamos, que en el 75, cuando llega mi hermana conmigo acá, porque yo llego en el 64 sola con mi madre para enterrarla aquí, mi madre muere en el 64 en Lima, y yo la traigo, porque mi padre no se atreve a volver, porque dice "aquí me cortan la cabeza".

P: ¿Y con el idioma os defendíais?
R: "Más o menos...hablábamos croata, pero por ejemplo yo le decía a mi abuela, frase medio croata y castellano, mi vocabulario era una mezcla. Allá todos hablábamos croata, pero mezclando los tiempos verbales, además entra por el oído y nosotras tuvimos la suerte, de que mi madre nos enseñaba el idioma, de manera que nos leía los cuentos de antaño, y nos los leía y nosotras teníamos que copiar durante las vacaciones en un cuaderno, lo que estábamos escuchando y hablando en alta voz lo que estábamos escribiendo, así es, pero lo único es, que de este modo fallo, que la "ñ" o la nj, o la ll yo le digo lj y no ll y no ña, pero me entiendes?, que la ña es nj, entonces es lo único que fallo, porque yo estaba escribiendo y yo decía ña o lla, pero bueno de todos modos eso es un método fenómeno, primero lo oímos, y luego lo leemos mientras lo copiamos, entonces ya

vamos aprendiendo, pero de otro modo, ella nos enseñó tantas canciones, que es día en el pueblo, que nos pasamos toda la noche cantando con estos chicos, y ellos decían: "esto no lo conocen", y nosotras cantábamos con ellos y ellos decían esto no lo conocen y nosotras cantábamos, todo cantábamos con ellos, hasta las canciones muy locales suyas, que son (canta en croata) hasta "los pajaritos nos conocen", todas nos la sabíamos...

P: ¿Y cuándo se instalan definitivamente en Zagreb?
R: "Espera... en el 70 mi hermana tiene un grave accidente automovilístico, y se queda 4 meses primero, 17 operaciones después, todas funcionales, ninguna estética, o sea que no había ni un hueso, esta tibia era el único hueso que no estaba roto, o sea que todo se había roto, no te cuento..., le llevó 4 años rehabilitarse entre operaciones y todo. Mi hermana se quedó en casa de una amiga y mi padre y yo, venimos acá en el 72, en agosto, y nos quedamos acá dos semanas, el cumpleaños de esta la mejor amiga de mi madre, que tiene casa en Ron, nos quedamos allí y un día nublado de fines de agosto, mi padre decide irse a otra ciudad en Rijeka, donde está el cementerio donde están sus padres, y dos hermanas, Teresita y Olga y, como mi abuela en Lima ya tenía 90 y tantos..., decide ver la tumba, porque es un mausoleo, es una capilla de 25 m², o sea que es una capillita de familia; entonces decide ver cuáles son las condiciones allí, porque tiene que transportar a mi abuela de Lima, no la va a dejar en Lima no?

P: ¿Porque ya estabais decidiendo quedarse?
R: "No no, entonces en ese viaje, paramos en casa de unos amigos de mis padres, y allí conocí a mi marido... Llegamos vi a mi futuro marido en uniforme, porque en el 72 venía a pasar el fin de semana, y todavía no se había quitado el uniforme; estaba en uniforme y se me escapaba la vista

(risas)..., nada y bueno, después de cenar con ellos y cuando ya nos íbamos, en el parquin, se acerca y me dice "nos podemos ver en Zagreb" y yo le digo "¿solo una vez?", él no había comprendido que yo le había entendido y que le devolvía con broma, el me repite la pregunta y yo le digo, si claro cómo no, no entendió que yo sabía tanto croata que podía regresarle la broma, me entiendes?, yo ya sabía tanto croata, si hablaba mal es otra cosa, pero sabía tanto que si él me decía " ¿podemos vernos una vez en Zagreb?" yo le dije "¿sola una vez?, eso es regresarle en broma...eh, bueno al día siguiente claro que nos vimos en Zagreb, estuvo dos semanas y cuando nos íbamos mi abuela encantada, todo el mundo encantado..., entonces nos fuimos a Suiza, mi padre y yo, donde mi hermana. Yo recibía cartas de él y mi padre me las leía, porque yo no podía entender su escritura..., mi padre leía cartas de amor (risas), además según él: ¿es blanco? es blanco, ¿es católico? es católico, ¿tiene historia familiar? Tiene historia familiar, ¿tiene educación familiar? tiene educación familiar, ¿sabe comportarse? ¿tiene nivel educativo igual? tiene nivel universitario igual, ¿tiene la misma lengua? y ahí se confundió porque tenía las cinco condiciones para tener una buena relación digamos..., ahora ya no importa eso, pero antiguamente, era bastante importante tener esas cinco condiciones. Pero en el idioma, él se confundió, si alguna vez nosotros nos peleábamos al principio del matrimonio, cuando nosotros todavía estábamos en arreglos era, "tú me dijiste "yo entendí, "yo había traducido al croata algo de castellano que no significaba igual, ¿me entiendes?, ahí se confundió, pero él lo escogió. Estábamos en octubre, estábamos por las montañas, no, antes en septiembre, por las montañas suizas y mi padre me dice, porque no vas a verlo, tienes donde estar en casa de la abuela, y vas y lo conoces mejor, ¿no?, dos semanas, que son dos semanas no?, yo le digo sí, me voy, a condición de que en mi cumpleaños en noviembre vengamos acá en Suiza".

P: ¿Y por qué?

R: "Para conocerlo fuera de sus papás, para conocerlo fuera de su ambiente, y mi tía Nina, estaba en Ginebra y ella podía subir a los Alpes donde tenía mi padre un chalet y allí podía quedarse con nosotros, porque él no podía permitir que yo me fuera sola, aunque tenía 25 años, no no se podía, porque él dice, allá es pueblito eh! en las montañas y yo no puedo permitirme habladurías, entonces me vine a Zagreb el 10 de octubre para su cumpleaños y no le dije a mis abuelos pero me vine primero a verlo a él y nos pasamos el día juntos y después les hice, cu cu sorpresa a mis abuelos, entonces tenía donde quedarme, donde mis abuelos. Y entonces empezamos a salir y entonces a las dos o tres semanas me presenta a sus amigos, y este es un honor terrible según los amigos, porque él nunca presentaba a sus amiguitas a sus amigos, y esto era más serio. Entonces me quedé aquí, teníamos una fiesta de compromiso el 6 de septiembre, pero mi abuelita muere el 5 y claro se tuvo que cancelar la fiesta, tuvimos un compromiso así en familia y punto, se acabó y claro, la boda tenía que ser 6 meses más tarde, entonces decidimos que fuera el 7 del 7 del 73, pero la tía Nina, su hijo se quiere casar en Ginebra el 7 del 7 del 73 y en vez del caballero, el hijo, me ceda el paso a mi siendo yo mujer, no, yo tengo que posponer la fecha y es el 14, el 14 de julio todo el mundo dice que es la caída de la bastilla francesa, cuando cae la bastilla, entonces todo el mundo dijo quien cayó? (risas), en este caso yo, nada me casé y Ana María nació el 20 de marzo del 79, así que mi padre me decía, porque van a ser papa y mama disfruten..., nosotros hemos viajado por todas partes, fuimos de luna de miel primero por todas las Américas, dos meses de luna de miel que pagó mi padre, después estuvimos un mes en Kenia en safari y cada año había otra cosa para los aniversarios, mi padre en el tercer aniversario, mi padre nos regaló un barco, como se llama con motor para esquiar por el mar y todo, era cada vez diferentes viajes que sabré yo, nos fuimos a Noruega, a Suecia y antes de ser papa y mama me entiendes? y recién en el 79 nace ella exactamente, cuándo cumplíamos 5 años, mi padre nos ofrece en el caso, mi hermana también estaba de novio y esto, nos ofrece un viaje a Tiester por velero, por la costa, na! no te digo nada, una vida fenomenal que se corta en el momento que vengo yo acá..., bueno no tanto en el momento que llegue a tener hijos, mi padre venia acá y se venía a Europa y se traía una maleta llena de vestidos para los niños, maleta repleta de vestidos de niños chiquititos, toda la maleta, ellos tenían un cambio de ropa para el mes, no tenía que lavar, además esas camisetitas de algodón peruano de Lima, buenísimo, que era además dicen que es muy parecido al egipcio, es el mejor algodón, esto como se dice lo podía votar... pero, me quedo aquí y empiezo a trabajar con la amiga de mi suegra".

P: ¿Ya estabais viviendo aquí en Zagreb?
R: "Aquí en Zagreb si, en esta misma casa y en la pequeña habitación que te dije que era el dormitorio, que te dije que era de mi cuñada, porque mi cuñada un año antes se va con un alemán a Alemania. Entonces nosotros nos quedamos en esas dos habitaciones, y yo empiezo a trabajar con esta chica porque como sé idiomas; tengo que leer toda clase de literatura que se había escrito sobre el cáncer de estómago, hasta que se enteraron que mi madre se había muerto de cáncer de estómago eh! y entonces un programa especial teníamos que eh!, como se llama... escribir los datos que habíamos encontrado en los artículos estos. Un programa americano. Y después en el 76 es el aniversario de los 200 años de América y necesitan a alguien en el consulado general estadounidense acá en Zagreb y empiezo a trabajar allí. También empecé a trabajar de profesora de inglés y

español, sustituyendo a una amiga que estaba embarazada, años más tarde nace Branca, yo voy a dar a luz a Suiza y mi padre está en Lima y se pone malo con algo del hígado, mi hermana esta en Suiza y yo me voy a dar a luz allí con mi hermana y me quedo a vivir en su apartamento, porque mi padre me ofrece que haga corrupción aquí, soborno, los sobres azules... y yo no sé dar soborno y nunca he dado, entonces mi padre me dice, bueno entonces te vas a dar a luz a Ginebra, tienes donde estar en casa de tu hermana.

P: ¿Por qué no era fácil dar a luz en Zagreb?
R: "Aquí debías de darle algo al doctor, en los hospitales tu nunca sabes cómo te van a tratar, no no, yo espero no estar nunca en un hospital y punto, así que eh!, yo doy a luz en Ginebra por segunda vez, ellos se van a Miami con mi padre para sanarlo, y como era su último deseo, pienso, yo le doy el nombre de Branca a mi segunda hija, después de esto vivió 25 años más (risas), así que no era su último deseo..., así que ahora la mayor Ana María, que no vive aquí sino con su marido, tiene un hijito de tres años y medio, al que le tengo que cuidar yo eh!, porque ella trabaja y yo le tengo que recoger del jardín, ella trabaja en una compañía de alquiler de aviones pequeños de lujo.

P: ¿Ella habla castellano?
R: "Si, muy bien, yo desde el principio, empecé a enseñarle en castellano y lo habla muy bien desde chiquitita, mis suegros y mi marido le hablaban en croata y yo la única que le hablaba en castellano, pero yo le prohibí a mi marido hablarle en castellano, porque él también sabe, ahora ya se le ha olvidado completamente, lo habla muy poco, y hace 36 años se lo prohibí, porque le hubiese puesto malas construcciones en la cabeza y la gramática de un niño se forma a los tres años. Y entonces yo no podría hablarle en croata, porque le hubiera puesto mal la gramática croata."

P: ¿Y tu otra hija también?

R: "Bueno, Branca habla un poco menos porque yo trabajaba en ese entonces y empecé a trabajar antes que ella cumpliera el año, porque no tenía el puesto fijo en la academia y en ese momento me ofrecían puesto fijo, si yo me quedaba el año de maternidad que aquí estaba permitido perdía ese puesto fijo, entonces tuve que ir a trabajar, entonces estaba cansada de hacer todo esto y le acepte el croata, yo le preguntaba en castellano y ella me contestaba en croata, lo mismo que mi madre hacía.

P: ¿Y qué costumbres del Perú hacíais aquí?

R: "Mi madre hacia los palanchinque, que se rellena con mantequilla o con chocolate, eso está muy bueno y siempre la colonia, eran unas 40 personas las que venían el día 26 de diciembre, en San Esteban, entonces todo el mundo come sarma, son hojas de col rellenas de una especie de carne, cuanto más se cocina mejor, esas sarmas las hacia mi madre muy bien, comida croata, pero como allá hacía calor la col se agriaba rápidamente en tres días y la receta que ella tenía era para 100 sarmas claro, todos los croatas venían, eran 40 croatas que venían a comer sarma en mi casa y esto; una vez estando en Suiza con la hija de la tía Nina y tres chicos y queríamos ir al chalet y claro la tía Nina tenía que ir con nosotras. Era un cuarto para los tres chicos y otro cuarto para las tres chichas y la Nina en el salón. Y era navidad ella dijo que iba a traer el pavo para navidad y nosotras íbamos a hacer la sarma, nosotros hicimos la receta de mi mama, las 100 sarmas y éramos 7, éramos 7! comimos los 10 días, comíamos sarmas y otra cosa... que bárbaro son estas anécdotas..., porque las sarmas las hacia mi madre allá y luego aquí hago comida peruana; hasta hace poco cada año, a finales de septiembre, siempre hacia algo peruano, pero no éramos muchos, en tiempos de la guerra éramos 6 nada más, en los 90 éramos 6, mis dos hijas, los tres hijos del cónsul, y yo, y punto final, no éramos más... después vinieron..., ahora somos 18 solo en Zagreb.

En el 98 traslado a mi padre acá, porque ya allí estaba difícil la situación, ya tenía 91 años, nos lo traemos para acá, le alquilo un apartamento en Zagreb, y se trae a su cocinera y enfermera Flora, y a los dos meses muere y como ya estaba pagada Flora por un año, entonces se quedó con nosotros y claro hablaba conmigo.

P: Háblame de los eventos que organizáis con otros peruanos

R: "Hace tres años, por ejemplo, el cónsul me dijo invita a este y este y los conocimos, pero cometí el error de decirles a cada uno, trae una pequeña porción de algo peruano que sepas hacer, porque eran muchos, pero todo el mundo trajo bastante, éramos 20 entonces el lomo ni lo probamos, porque ya habíamos comido de todo. Estuvimos tocando la guitarra, todo muy bien, yo creo que en un momento dado voy a organizar algo en septiembre, tengo que organizar algo, pero ya una parrillada allí en llarun para que todo el mundo se conozca.

P: ¿Sus hijas conocen Perú?

R: "Si por lo menos han estado 7 veces..., si, pero en un momento dado estaban los terroristas de Sendero Luminoso, los terroristas que secuestraban a gente bien, de dinero, entonces mi padre dijo que no podíamos ir..., fueron unos 21 años cuando no fui al Perú.

(Interrumpe el marido en croata) recordándole la hora porque tiene que recoger a su nieto de la guardería.

Entonces no pudimos ir al Perú, pero después si pudimos ir, una vez estuvo Ana María sola.

P: ¿Y tenéis pensado volver al Perú?

R: "Noo no no, solo de vacaciones, generalmente voy cada tres años, allá tengo primas todavía, todavía están las minas de papa, pero hay 7 concesiones, tres trabajan, tres no trabajan y una está en juicio... así que, estoy a cero, no hay nada, una de las minas hay que vender ahora... y se va a vender en chatarra no como mina, ya no hay mineral.

P: ¿Y cómo dirías que te sientes, más peruana o croata?

R: "Pues si y no..., porque si tú me vieras guiando por la ciudad a los extranjeros, ellos me dicen, se ve que tienes pasión por la ciudad y todo, y yo digo pues me pones un valsecito y comienzan las lágrimas ".

P: ¿Ves mucha diferencia del croata al peruano?

R: "Yo los he mezclado, ósea que de decir que yo soy solo croata no no, en el fondo sigo siendo peruana, pero claro, cuando guio a los turistas me dicen, como que peruana me dicen; si no tienes cara peruana y les digo no porque soy de descendencia croata totalmente..."

Bueno te dejo porque tengo que recoger a mi nieto...

Si si claro.

Si necesitas algo... (apago la grabadora).

Le agradezco el tiempo que me ha dedicado y por supuesto el concederme la entrevista. Ella se ofrece a pasarme una lista de sus contactos que conoce también de descendencia de croata. Le vuelvo a agradecer su amabilidad y nos despedimos.

9.2.3.2. *Entrevista 2ª*: *Entrevista a descendiente Croata de 2ª y 3ª generación.*

Gracias a la lista de contactos que me pasó D.P., me pongo en contacto con T. M. o como a él le gusta que le llaman D.M., le llamo por teléfono y descuelga respondiendo en croata, "Molin", al decir yo buenas tardes en castellano, cambio rápidamente de registro y me responde en un perfecto castellano, "buenas tardes", me presento y le explico un poco, me comenta que ya está informado por su amiga D.P. y con mucho gusto queda conmigo, pero que en estos días no puede ser, porque tiene a su madre, que le vuelva a llamar en un par de días.

Dos días después, le vuelvo a llamar y me comenta que puede ahora sobre las 11:00, le digo que me viene bien y pone el sitio del encuentro, me dice que me esperará en la parada del tram, para que sea más fácil el encuentro.

Llego a la parada del tram, y a los pocos segundos aparece D.P. con una sonrisa, viene directo hacia mí, con la mano ya extendida para estrechármela, me indica donde debemos ir, y por el camino me explica, que su madre lleva unos años enferma en cama, y que esta semana se le puso el brazo morado y tuvieron que llevarla al hospital, seguimos hablando mientras paseamos por un amplio parque de zona verde, en el que antes no había estado. Nos sentamos en la terraza de una cafetería tranquila. Pedimos cafés y tras explicarle más detenidamente en que va a consistir el proyecto de investigación y lo que me interesa más. Le explico cómo va a estar estructurada la entrevista: que es lo mismo que le expliqué a D.P.

T.M nació en Buenos aires (Argentina), tiene 70 años y fue archivista en Zagreb, es un hombre culto y de grandes conocimientos por su manera de explicarse.

TRANSCRIPCIÓN DE LA ENTREVISTA

Tras pedirnos un café con leche los dos, le explico cómo va estar estructurada la entrevista, del mismo modo que se hizo con los otros entrevistados. Tras anotar sus datos personales, comenzamos con la entrevista.

P: ¿Cuándo emigraron sus progenitores y por qué?

R: "Bueno, emigraron mis padres y mis abuelos. Emigraron porque en el 45 aquí hubo un sistema socialista–comunista, y mis padres eran demócratas y no partidarios de ese sistema. Entonces no quisieron vivir en ese sistema y por ese motivo se emigraron y pudieron ir a la Argentina".

P: ¿Dónde nacieron tus padres?
R: "Los dos de aquí, de Zagreb. Llegaron a la Argentina en el 47".

P: ¿Junto con tus abuelos?
R: "No, mi abuelo fue diplomático y militar, es largo de contar esto, es muy largo. Ellos estuvieron en Londres y más o menos cuando nací yo, bueno por mi nacimiento, llegaron de Londres a la Argentina; toda la segunda guerra la pasaron en Londres; para no entrar en detalles ahora, mi padre era militar, pero fue también oficial de marina, pero para no entrar en detalles, y entonces en el 49 nací yo en Buenos Aires."
P: ¿Qué recuerdos te contaron tus padres de su llegada al nuevo continente?
R: "Mi Padre siempre me contaba con orgullo, la gran acogida, que tuvieron desde el principio por los argentinos, hay una anécdota muy bonita: cuando llegaron mi familia no tenían nada, llegaron con dos maletas, con algo de ropa y apenas dinero. Tenían que llegar a la ciudad, mi padre junto con unos amigos, pero no sabían bien como llegar, pararon a un señor que pasaba por la calle e indicándoles donde queríamos ir para formalizar el papeleo, nos indicó muy amablemente como ir, y entre señas, porque no nos entendíamos, nos dijo que cogiéramos en bus, porque estaba bastante lejos, nosotros dijimos que iríamos andando que no pasaba nada y nos fuimos. Solo habíamos dado unos pasos, cuando nos cogió el señor y nos apartó de la calle y nos dio la plata para comprar el billete, sabía que

eran migrantes y que no tenían dinero. Esas, son las personas de la Argentina, o por lo menos las de antes.

P: ¿Dónde se instalaron tus padres?
R: "Mis padres se instalaron, donde sabían que estaban los demás croatas. Los primeros se llamaban starosjedioci (antiguos), tenían su club en Dck Sud y tenían sus actividades, pero en la segunda ola, que es a la que pertenecen mis padres, había intelectuales, ministros, doctores etc..., otro perfil, había diferencias; creo que cada uno cuidó lo suyo, y la generación de nuestros padres fue más activa, crearon Hrvatski Dom (Hogar croata), Kulturni Klub (Club cultural), Studia Croatica, Hrvatska Revija (Revista croata)", (estas palabras en croata me las escribe en un papel).

P: ¿Qué recuerdos tienes dentro de tu hogar referente a las costumbres croatas?
R: "Bueno, mis padres siempre me hablaban en croata, en mi casa se hablaba en croata; para mí el idioma no ha sido una dificultad, por supuesto que más tarde, cuando fui creciendo, había cursos improvisados, pero cursos buenos dominicales, donde a chicos de mi edad, nuestros padres les enseñaban a leer y a escribir en croata, porque no había escuelas regulares, eran así como cursos de apoyo, además de clases personales; los padres las daban a los que eran más instruidos, los que no eran tan instruidos no, y mi padre era uno de los guías, de los que escribía los textos, uno de los profesores o maestros, como podríamos decir, que estaba muy muy incluido en la educación de los jóvenes de origen croata nacidos en argentina."

P: ¿Entonces estos encuentros te dieron la oportunidad de conocer otros descendientes de tu misma edad?
R: "Sí, siempre nos reuníamos; básicamente íbamos a misa,

entonces los domingos nos encontrábamos, teníamos un par de clubes sociales y culturales, con bibliotecas y también teníamos un grupo, varios grupos de folclore, con nuestros instrumentos, yo me incluí en esos grupos folclóricos, al principio bailábamos folclore, yo no era muy bueno bailando pero bueno, y... pero más tarde formé una orquesta típica de cuerdas y la conduje hasta mi regreso a Croacia y aquí no toco en orquesta, pero si toco mi guitarra española, y este eh! y me gusta mucho, toco y canto".

P: ¿Vuestra comunidad estaba informada de la actualidad de Croacia, tanto política, como social, cultural...?
R: "Absolutamente, bueno no, eh! ..., durante el socialismo si, mientras digamos Croacia estaba involucrada en Yugoslavia, digamos no, la comunicación no era muy..., prácticamente ninguna estaba interrumpida. Pero básicamente en los años 60-65 aproximadamente, cuando Yugoslavia compuso relaciones con el vaticano, entonces concretamente en el 71 compuso relaciones, porque estaba muy desvinculada con la iglesia, entonces salió un semanario de la iglesia católica, que era muy muy leído, por el canto del país".

P: ¿Cómo se llama?
R: "Glas Koncila -La voz del Concilio Vaticano II-, este es un dominical de publicación croata, pero se leía en todo el mundo, para la comunidad croata que estaba repartida por el mundo. Se llama La voz del Concilio Vaticano II, porque justo en ese momento empezó a salir, en los años 70 más o menos, cuando ocurrió, cuando se produjo el Concilio Vaticano II, las reformas y entonces, era el portavoz de las reformas, etc., pero un diario muy muy..., salía y sigue saliendo, es un semanal, es el diario para mí de más categoría, tanto en pureza de idioma, como en calidad de sus artículos, y este eh! digamos de objetividad. Así,

entonces con ese diario manteníamos contacto con la patria y también después de los 80 aproximadamente, mis padres empezaron a contactar, con algunos amigos de la escuela secundaria suya, y así que entablaron nuevamente, relación epistolar digamos. En el 91 cuando se produjeron los cambios democráticos, entonces decidí visitar Croacia".

P: ¿Tú solo o con tus padres?
R: "Yo solo; era difícil viajar, aunque ya en ese momento se vivía mejor, lo digo por razones económicas, yo era empleado, no era fácil digamos para el pasaje, para la estancia, no es solo el pasaje, también uno tiene que traer algo..., pero bueno yo tenía un buen empleo, y además este, tenía cierta antigüedad en el trabajo, y tenía buenos amigos, porque me daban licencia a mis viajes de un mes, mes y medio, así que recorrí mucho, visité amigos de mis padres, de algunos familiares, tengo muy pocos familiares aquí."

P: ¿Cómo te imaginabas Croacia antes de venir?
R:" Bueno, yo sabía, o sea la historia, la sabia porque siempre la leía, literatura clásica también había leído, no todo, pero muchos libros, este... había leído, así que sabía la historia, la geografía y digamos la arquitectura, y tenía una idea de mis familiares y también de las amistades de mis padres, que eran como familiares prácticamente. Y así que la vi más linda de lo que me explicaron, Croacia. Cuando vine una emoción enorme terrible.

P: ¿Llegaste directamente a Zagreb?
R: "Si, llegue directamente; estuve viviendo con una señora amiga de mi familia hasta que, todavía vive, y a quien yo llamo tía, o sea no viví en hotel, sino que viví en una casa residencia muy linda particular, por medio de esta señora, conocí muchas amistades y después visité la costa, recorrí toda la costa, también parte del interior y conocí mucha

gente y con la que mantuve contacto y con la que sigo con la gran mayoría de ellos.

Me di cuenta que el idioma había cambiado un poco, es decir, yo tengo acento, o sea yo hablo muy croata, pienso que perfecto, pero hablaba o hablo un idioma un poquito anticuado. En 50 o 60 años, evolucionó el idioma y había unas palabras nuevas, unas palabras nuevas de la jerga sobre todo, por supuesto las entendía peor, las tuve que aprender, y que no se usaban en época de mis padres. Y después el acento, el acento de alguna manera me delata y, pero no la gramática, entonces todos creen que soy de la provincia de Istria, piensan que soy de Istria, porque allí hablan más suave y yo tengo una pronunciación del castellano, así que, cuando me conocen por primera vez, este eh!, aún hoy en día, taxistas o alguien que me quiere preguntar, una persona curiosa, los otros no dicen nada, ¿no?, entonces preguntan ¿Usted es de Istria?, ¿Usted es italiano?, ¿de dónde es?, digo no de más lejos, y bueno... pero no me ofendo ni me enojo, pero no me pueden agarrar este de gramaticalmente".

P: ¿En su casa de la Argentina, recuerda, algunas fechas especiales, comida típica croata...?

R: "La comida sinceramente típica croata, era más rica en argentina que aquí para mí. Pero supongo que sé por qué, supongo siempre me planteo, pues yo mismo sé cocinar y entonces, siempre digamos, me interesa el tema de la receta de cocina y también por supuesto, cocino todas las recetas argentinas, desde empanadas... este así que eh!, aquí este..., incluso he plantado batata, que ahora se vende en el comercio, pero hace 10 años no había, y yo plantaba incluso físicamente y después la preparaba al horno etc., y acá no sabían las recetas, las cocina ni nada, bueno este así que, por un lado me interesa la gastronomía. Entonces cuando íbamos, a cómo te dije a los clubes croatas, cuando

hacíamos fiestas nuestras madres o abuelas cocinaban, digamos para muchas personas, para 300 o 400 personas o sea hoyas grandes, palanganas etc. y hacían todas las comidas típicas croatas, realmente una exquisitez, fabuloso. Podrían abrir un restaurante, una calidad inmejorable.
Cuando llegué aquí y comí eh!... probé, degusté, las mismas comidas, no me gustaron para nada. La diferencia debe de estar en la materia prima. La carne de argentina es de primera, la carne molida de todo tipo, es mucho más sabrosa, más rica, debe de ser uno de los problemas. Cuando vine en el 91, bueno vine del 91 al 93 todos los años de vacaciones, hasta que me empleé en el 96, aquí en Zagreb."

P: ¿Tu idea siempre fue quedarte a vivir en Zagreb?
R: "Bueno, al principio este no sabía; sí, ganas siempre tuve, pero sinceramente pensé, o sea, también se cuadró la situación, que en el 94 me despidieron en el trabajo por una estructuración de la empresa. Y justo en uno de mis viajes, me ofrecieron trabajo de traductor y de profesor de español en el liceo militar de Zagreb; así que un año, estuve trabajando gratis enseñando español. Incluso yo mismo escribí el libro de texto, tengo porque lo improvisé, hice una traducción de un libro ya existente de inglés, algo así, algo parecido, son cursos intensivos; y preparé mis propios dictados, mis propias composiciones, pienso que salió muy lindo. Tímidamente en computadora, porque ya en ese momento, ya había salido la computadora, el ordenador como le dicen ustedes en español; Este año lo hice gratis, incluso viví en el cuartel, y mi padre, este ya era jubilado, ya se había jubilado en la Argentina, en el 96; y entonces, me ofrecieron un trabajo en el centro informativo croata de traductor, para traducir de los diversos periódicos, noticias culturales, deportes, política... y, teníamos existe hoy en día, una radio de onda corta, en la radio nacional croata y

entonces también trabaje en la radio y leía también en español para que llegara la actualidad.
Entonces se cuadró que perdí el empleo y entonces aquí conseguí trabajo."

P: ¿Cómo te sentiste tus primeros años en Croacia?
R: "Me sentí muy cómodo, pero tenía a mis padres…, yo no hubiese dejado a mis padres solos, y entonces hablamos en casa, analizamos el tema, vimos la posibilidad de trasladar la jubilación de papa aquí, ver la circulación, como se podría hacer y bueno y entonces decidimos mudarnos a Croacia; vendimos nuestra casa modesta y entonces años más tarde, compré el apartamento este con ese dinero".

P: ¿Que pensaron tus padres de tu decisión?
R: "Bueno, ellos vieron digamos mi decisión, probablemente ellos quizás por razones de salud, ya más de 50 años, pienso que ellos solos no hubiesen decidido venir. Allí estaban bien, ya jubilados, servicio social, todo. Tenían su grupo de amistades argentinas y croatas, mi padre y madre son argentinos naturalizados, y ellos por supuesto, un cariño muy grande por Argentina, Argentina es la segunda patria por adopción de mis padres, y como te dije, mi padre escribió un hermosísimo libro todavía no publicado, pero ya lo tengo, con ilustraciones hechas por mi abuelo, o sea el texto de mi padre y los mapas, y los dibujos artísticos, ilustraciones, son hechas por mi abuelo y por mí. Dónde la imagen principal, la ilustración principal del libro, es un hermosísimo cuadro de San Martín cruzando los Andes, la campaña, y echo por mi abuelo, y ese cuadro se encuentra hoy en día en el museo naval de Tiger, lo dibujó en 1950, esa va a ser la página desplegable, la página principal.
Y entonces este, vinieron mis padres aquí en el 98, y mi padre y mi mama, disfrutaron muchísimo de Croacia y

bueno básicamente una vida más despreocupada, porque ya eran jubilados; entonces allí tenían una vida muy dura muy muy dura, muchos compromisos, trabajo... Este mis padres llegaron a la Argentina sin nada, prácticamente sin nada, sin un cobre, sin un centavo, hablaban el idioma, sabían el idioma."

P: ¿Cómo sabían el español?
R: "Porque eran poliglotas, en la familia tanto de mi padre como de mi madre, era digamos tradicional, estudiar idiomas. Mi padre y mi madre hablan 8 idiomas, pero muy bien, no solo hablar, que también la gramática. Los dos no hablan los mismos. Este mi padre hablaba: croata, alemán como si fuera prácticamente su idioma nativo, porque tenían una ama de llaves, se estilaba en 1920-30, era una familia pudiente podía hacerlo, aunque en esa época no era muy caro, las familias, digamos más intelectuales y era la manera de enseñarle un idioma nativo de extranjero; este mi madre, también tenía ese estilo de vida, aunque pero con otra clase de idiomas; bueno, no sé si viene al caso, pero mi padre hablaba aparte del croata y el alemán, hablaba inglés, hablaba francés, búlgaro, ruso perfecto y por supuesto después estudió castellano, lo mejoró e italiano. Y mi mamá hablaba todo eso más, hablaba turco y griego moderno, pero este griego de chica lo hablaba y olvidó mucho, y el turco también se olvidó mucho, el francés es idioma materno prácticamente, francés, ruso e inglés, castellano lo hablaba perfecto, prácticamente sin acento, lo habla y este, es increíble porque como yo conozco a mucha gente, los croatas aprenden fácil los idiomas, porque no tienen acento cuando hablan otro idioma, o muy poco acento cuando hablan otros idiomas, pero, los rusos, alemanes los ingleses, tienen una pronunciación muy marcada y si no aprenden de chicos o con muy buenos profesores, enseguida uno dice, está hablando ruso pero con pronunciación inglesa, o habla

castellano con pronunciación inglesa, se delata, no bueno no tiene importancia, lo importante es hablar el idioma, no tiene tanta... pero bueno es una realidad.

A eso iba, que mis padres ya no lo hablaban perfecto, pero italiano hablaban mucho mejor, porque hicieron escala en Italia antes de venir de Croacia a Argentina en el 47, emigraron en el 45, estuvieron en Italia dos años y entonces en esos dos años mejoraron por supuesto el italiano, pero como ya sabían que su destino iba a ser Argentina entonces empezaron a mejorar."

P: ¿Cómo eligieron el destino?
R: "Bueno no podían elegir mucho, pero prácticamente en Argentina recibieron a gran parte de los refugiados de guerra y este de Croacia, pero básicamente pedían gente más instruida, no ponían trabas por lo general.
Así que desde el primer día, tanto papa como mama..., se me olvidó mencionar a mi tío, que era parte de mi familia, porque hasta que no se casó vivía con nosotros, y así que, características similares a mi padre, instrucción similar, este... se emplearon en oficinas, así que eran empleados desde el primer día, en cambio otros croatas, digamos que algunos eran médicos, otros ingenieros, ministros etc., primero no le reconocieron los títulos, tuvieron que revalidar el idioma, algunas materias, así que no podían ejercer la medicina enseguida; los abogados ni hablar, este no, no podían trabajar, porque es lógico y entonces, se tuvieron que dedicar al principio a trabajo físico, hasta que consiguieron trabajo más adecuado, más acorde; después hubo una gran parte de los amigos de mi padre, que se dedicaron a la hilandería de punto pullovers, porque hubo un croata que tenía una industria en Croacia y llevó sus conocimientos y algo de capital a la Argentina, y entonces él abrió una fábrica similar de tejido de punto y empleó a sus compatriotas, digamos y entonces después se fueron

independizando, cada uno tenía ya su casa, así que básicamente, casi todos los conocidos de mi familia, en su momento... ahora ya no, ahora ya, este con el importado barato, ya se compran pullover importados más baratos, ya no tiene sentido fabricar tejido de punto, pero en esa época era este rentable, se ganaba bien y prácticamente con el tiempo, todos llegaron a comprar su propia casa, y este digamos que tuvieron un pasado relativamente bueno, porque eran trabajadores, honestos, todos estudiaron.

P: ¿Qué relación teníais en la comunidad?
R: "En cuanto a nuestra relación, en nuestra comunidad croata con Argentina, los croatas no solo con gran agradecimiento y respeto por la Argentina, como te dije, la gran mayoría después, se naturalizaron en Argentina y contribuyeron mucho al progreso y al adelanto, y algunos se han destacado con esto, y han contribuido al progreso y a la cultura de Argentina."

P: Una vez en Croacia y ya instalado ¿qué diferencias notaste con respecto a la Argentina?
R: Lo que puedo decir, que en esto yo puedo comparar; aquí la gente bueno, y con justicia a lo mejor. en este momento se quejan de la situación económica, que es mala, y este... no es mala, no solo aquí, pero de todos modos, está el país en una crisis económica, pero como yo vengo de afuera, y puedo observar... además, no es el único país que conocía, aparte de la Argentina, estuve en Australia, Canadá, Nueva Zelanda, este países... Hungría, bueno este... Italia etc., puedo hacer alguna comparación y yo veo que en estos últimos 25 años, desde que Croacia digamos se hizo independiente, se constituyó Croacia como república, que avanzó muchísimo a pasos agigantados, y los cambios son notables, el cambio en todos los sentidos; se han construidos autopistas maravillosas, todo lo que es calidad

de vida, no había supermercados, cuando yo llegue en el 91, no había ni un solo supermercado, nada, había tiendecitas digamos, la gente bastante descortés, eran entonces empleados del estado, no había este negocios particulares, había si, pero pequeños de uno a dos empleados, las leyes eran así todavía, así que bueno, al igual a mí me gustó mucho, pero no se puede comparar como es ahora, este por ejemplo, la estación de ferrocarril, el pasadizo ese antes no existía, ahora lo han pasado a una galería de negocios, después este inauguraron un mercado muy lindo, que tiene de todo, muy muy grande. El tranvía existía y es buen sistema y estos tranvías de piso bajo, son de producción nacional y tenemos una fábrica, no tenemos demasiadas industrias, pero muy buenas y entre ellas hay una industria que fabrica tren, este tranvía, motores eléctricos, heladeras, cocinas, planchas, televisores, una enorme empresa de una buena calidad, y una larga tradición, y estos tranvías, incluso están intentando... ya tuvieron varias ofertas para exportarlos."

P: ¿Qué costumbres te gusta enseñarles a tus colegas croatas de Argentina?
R: "De Argentina, yo en casa tengo lo que se llama, es más ahora te lo voy a mostrar, el rincón argentino. Donde tengo expuesto en primer lugar arriba, el escudo nacional argentino dibujado por mí, en el medio, están las láminas de una réplica del cuadro que pinto mi abuelo sobre San Martín, a la derecha e izquierda, dos ganaderos a caballo, chiquitos oleos pintados por mi abuelo en argentina, y tengo una fotografía muy linda a color de la casa del gobierno, la casa rosada argentina, podrá digamos, este la autoridad civil y la autoridad eclesiástica. Tengo la imagen de la catedral, de la virgen y así está representado todo, y tengo el himno nacional argentino, escrito y dibujado con la caligrafía de papá y con la casa de Tucumán, todo dibujado

y después tengo algunos retratos, que ahora te voy a mostrar en casa, de algunos argentinos que los estoy dibujando para retratar, para terminar de ilustrar el libro, que voy a poner en las páginas. Después, tengo en una pequeña vitrina expuestos mates, diversos mates, con sus correspondientes bombillas con el escudito argentino, tengo una atalaya un mirador, se llama mangrullo, realizado por mí, es una maqueta con la banderita argentina, después tengo, un par de como una vitrina unas vaquitas, que las compre, así que son que están muy bien hechas, un par de vacas, un par de caballos con, este un jinete. Después por supuesto tengo boleadoras.

P: ¿Que son boleadoras?
R: Las boleadoras son un arma, que utilizaban los gauchos, pero al principio lo copiaron de los indios, de los mapuches; son básicamente de entre tres o dos bolas de piedra, de hueso, o básicamente de piedra tallada o de hueso también elaborado, y con cuero de potro, son tres y entonces los indios las usaban para cazar deanduess, y se los arrojan a las piernas, los revolean sueltan y se enrollan en los pies y se caen. Se usaban también pegando golpes en batallas, pegando como con una maza. Los gauchos argentinos las han adoptado".

(le llaman al móvil y habla en croata con su amigo)

Yo todos los días hablo castellano y hasta tengo amigos croatas que hablan fluido castellano.
Ahora viene el fisioterapeuta, podemos terminar en mi casa y así te enseño también el rincón argentino, y me escuchas tocar la guitarra...
compruebo la hora y muy apurada le digo que tengo poco tiempo, porque tengo otra entrevista, él insiste que no nos llevará mucho y que podemos terminar la entrevista mientras caminamos, como lo veo tan ilusionado por

enseñarme sus recuerdos y porque me quiere enseñar también, unas canciones que él compone de música folklórica, no puedo negarme.

Subimos a su piso y me presenta a su madre que todavía sigue un poco enferma, su madre me habla con un perfecto acento castellano para su avanzada edad.

En una estantería, de lo que es ahora el cuarto de su madre, (aunque en otro tiempo fue el salón), tiene cuadros de amaneceres y atardeceres croatas, el himno croata dibujado por su padre, figuritas típicas y el látigo de gaucho, que tanto me impacto cuando me lo contó, y en la otra parte de la habitación, cuadros de sus familiares con el uniforme militar croata, su padre y su madre de jóvenes, figuras típicas; pasamos a su cuarto y me enseña, todos los retratos que él ha pintado y me explica las profesiones de sus hermanos y familiares, todos con grandes puestos. Vamos al salón, porque quiere que escuche las canciones folclóricas y me dice ilusionado, que para ello se tiene que poner su poncho, que le trajo una muy buena amiga suya de la Argentina. Suena el timbre, es el fisioterapeuta que viene por los cuidados de su madre, me explica que viene dos días a la semana, pero también viene una enfermera para cuidarla, nos presentamos y se mete para el cuarto de la madre, se le escucha hablarle en castellano.

D.M. se pone su poncho, coge la guitarra y comenzamos el concierto: primero canción argentina, croata, rusa y volvemos con argentina..., me confiesa que él prefiere las argentinas, pero que toca todas. Que con D.P. hacen reuniones para tocar y cantar, como ella toca el piano, pasan muy buenos ratos.

Tengo que decir, que para el poco tiempo que nos conocimos, que es una maravillosa persona, y por lo que pude comprobar, con una doble identidad por igual; cuando me hablaba de sus años de la Argentina percibí que era el más argentino, pero cuando me habló de sus años en

Croacia, con ese amor y esa pasión, también sentí que era el más croata. Amor por sus dos patrias.

Aunque me hubiera quedado más tiempo con él, le tengo que interrumpir para decirle, que me debo de ir porque tengo otra entrevista. Insiste en acompañarme a la parada de tram y por el camino hablamos de que él se siente bien y es feliz en Croacia, que él no se siente como un inmigrante, y que con la entrada en la unión europea, Croacia va a florecer más. Que no tuvo ni un choque al vivir aquí, porque como en Croacia son también cristianos, tienen los mismos valores y ven las cosas de la misma manera.

Esta percepción que hace, es el primero que me lo comenta, y como vimos en nuestro marco teórico, la religión como principio regulador e identificación al grupo de los núcleos más tradicionales, y por lo que he podido comprobar por los estudiantes jóvenes, que se desenvuelven en las sociedades más modernas, sus valores de adhesión e identificación, son más ambiguos y son llevados más por sentimientos o comunicación, por lo que una de nuestras hipótesis se confirma.

9.2.3.3. *Entrevista 3ª*: *Entrevista a descendiente croata de 2ª y 3ª generación*

Este contacto, también es a través de D.P., su nombre es A.G., una joven Argentina que lleva más de 10 años ya en Croacia. Me comenta D.P., que le escriba un email explicándole detalladamente los objetivos del proyecto, porque ella está interesada y para ver si tiene el perfil del que preciso. Le escribo el email explicándoselo y al día siguiente, a primera hora me responde, que le parece interesante participar en él, y que con mucho gusto podemos quedar a vernos. Nos volvemos a escribir para dejarnos nuestros números de teléfono y A.G decide que sea la entrevista en su casa, que no tiene ningún inconveniente en que sea grabada. Quedamos a las 18:00 de la tarde. Salgo a las 5 de mi casa y cuando me bajo en la parada del tranvía, me doy cuenta que mi móvil está apagado, y que la dirección estaba grabada en el móvil y no en ningún papel; intento encender el móvil y no hay manera ¿se habrá quedado sin batería, o se ha roto para siempre? Minutos de pánico me recorren, porque toda la información está en el móvil, excepto alguna información que está en los correos, pienso en un futuro duplicar siempre la información y más con los sistemas informáticos que nunca sabes cuándo te van a fallar.

Empiezo a caminar, e intento hacer memoria del número del bloque que me dijo y el número de piso, se me viene a la cabeza uno y decido probar suerte en el telefonillo. Me abren la puerta del portal y entro, empiezo subir hasta la 4ª planta, porque recordaba este número y escucho una voz que habla en croata, (aquí se muestra el carácter confiado de los croatas), por lo que me paro y decido retroceder, porque evidentemente no era mi entrevista, porque siempre hemos hablado en castellano. Decido ir a la cafetería que está al principio de la calle y que esto sí que recuerdo 100 por 100, que A.G me comentó cuando me dio las indicaciones para llegar a su casa. Compruebo que son las 18:00 y que no puedo avisarla, le pregunto al camarero si tiene cargador para el móvil y si lo puedo dejar cargando un rato, pido un café cruzando los dedos para que el móvil se encienda. Tras unos 15 minutos o más me avisa el camarero de que ha dado señal de encendido, lo enciendo y la llamo rápidamente. Son las 18:30, le explico lo ocurrido y me dice el número de su bloque y piso. Está justo al lado del bar por lo que tardo menos de 3 minutos en llegar. Me abre la puerta una joven alegre, morena, se presenta con dos besos afectuosos y me invita a pasar al salón; nos estuvimos riendo por mi incidente y hablamos un poco de la ciudad de Zagreb y como he llegado yo allí. Me invita a sentarme en el sofá, veo que tiene preparado en la mesa del salón comida para picar y bebidas y me ofrece para que coma y beba. Le pregunto si tiene cargador para poder grabar la entrevista, en este transcurso le comento que soy de Sevilla y cuál es nuestra sorpresa que en Julio ella va a viajar a Sevilla por unas semanas, porque le han concedido una beca, para prepararse el ELE para profesor de Español de la Universidad de Sevilla. Una vez todo listo, empezamos con la entrevista. Le explico que se va a componer de 4 partes: datos personales, recuerdos de la Argentina, motivo por el que vino y adaptación al nuevo país, y las ultimas preguntas sobre sentimientos identitarios. Le recuerdo cuales son los objetivos del proyecto para que los tenga pendiente en sus narraciones.

TRANSCIPCIÓN DE LA ENTREVISTA

P: ¿Cuándo emigraron tus abuelos y por qué?
R: "En la II guerra mundial, en la II guerra mundial fue cuando un gran numero fueron a la Argentina, así que fueron por esos años 44 -45, pero no llegaron directamente a Argentina, por lo general, estuvieron primero en algún lugar de Europa, unos en Italia otros estuvieron en Austria y después de ahí viajaron a Argentina alrededor del 45.

P: ¿Tu familia era toda de Zagreb?
R: "No, uno era de Zagreb, una abuela de Istría y mi mamá era de Bosnia."

P: ¿Eligieron el país final para emigrar?
R: "No no, digamos donde partía el barco, no era premeditado que nos vamos a la Argentina, porque no fue

una emigración económica, era por la situación política, de la guerra y eso, entonces... Argentina bueno, tenía una política abierta de recibir a estos barcos, por eso también hay tantos, no solo croatas sino también de otras nacionalidades...

P: ¿Ya tienes la doble nacionalidad? ¿Tuviste que pasar el examen?
R: "No, en esa época no había, mi nacionalidad me la sacaron mis papas en los años noventa y tantos, o sea, al poco tiempo de que Croacia fuera independiente; a los pocos años yo tenía la nacionalidad, porque nosotros en esa época, vinimos por primera vez a Croacia, así que el papelerío era distinto, recién ahora están empezando con el examen de idioma, en esa época no existía, aparte yo era menor de edad, yo tenía 6 o 7 años así que esa parte..."

P: ¿Cuál fue el motivo principal por el que viniste a Croacia?
R: "Mi papá fue el principal digamos, yo tenía 7 años, mi hermano 8 y medio y mi papá quería venir, a colaborar con la situación acá y entonces se decidieron a venir y venimos en paquete, digamos toda la familia menos mis abuelos; mis abuelos se quedaron en la Argentina, mis abuelas fallecieron cuando yo era pequeña, pero sí que unos tíos, si vinieron a pasar sus últimos años en Croacia, unos 10 años, pero por esa época digamos ellos ..., mi mamá por ejemplo, tiene tres hermanos, están todos en Argentina, entonces todos los nietos estaban allá, nosotros fuimos los únicos que nos volvimos por parte de mi mamá, pero mi mamá por otro lado que tiene toda la familia más cercana allá, tiene un montón de primos, tiene una familia más extensa; en el caso de mi papa es al revés, mi papa los que se quedaron en Croacia, tenían tan solo dos primos, pero más parte de su familia volvió; volvieron dos hermanos de mi papa, el

hermano y la hermana, también vinieron a Croacia; estábamos nosotros, entonces cuando ya vinieron mi abuelo y mis tías, como que nosotros estábamos ya acá, incluso con mucho, eso con toda la generación de mis abuelos, todos soñaban con volver; pero al final cuando ya tenían allá todos los hijos y los nietos... por lo general los que vinieron son personas solteras, o ya eran viudos que no tenían, que no tuvieron hijos, nietos, que no tenían como esa conexión o en casos así; nosotros ya estábamos acá, entonces para mi abuelo no fue tan difícil, la mitad de los hijos estaban acá, los nietos estaban acá y aquí hicieron el cambio.

P: Sobre los recuerdos que tienes de tu infancia en Buenos Aires, cuéntame sobre tu hogar, ¿dónde vivíais?
R: Yo vivía con mis padres, pero mi familia estaba cerca, nos visitábamos todas las semanas y en ese sentido, si digamos, como mis cuatro abuelos eran croatas, se respetaban las tradiciones croatas, para navidad, para pascua, se seguían las tradiciones croatas.

P: ¿Tus padres también?
R: "Mis padres también, pero por ejemplo en las casas de mis abuelos solo se hablaba en croata".

P: ¿Tu ya sabias el croata?
R: Bueno aunque sea lo básico, en Argentina hay muchos croatas, entonces, por ejemplo estaba la iglesia croata, los sábados íbamos a una escuelita, donde aprendíamos canciones, bailábamos..., íbamos todos los sábados allí..., se llamaba la pequeña escuela; ahí íbamos todos los hijos y nietos..., había mucha gente de mi edad, digamos porque la generación de mis papas, que son la primera generación, digamos de descendientes nacidos en argentina, muchos de

ellos, se casaron con descendientes de croatas, porque los abuelos, todos iban a ese centro cultural croata a tocar, e iban a misa los domingos etc.; entonces sus hijos también se juntaban ahí y también estaba "la sociedad jóvenes croatas", se conocían ahí y entonces, de la generación de mis padres, hay un porcentaje alto que se casó con hijos de croatas, o sea, que las dos hermanas de mi mamá, se casaron también con croatas, y el hermano de mi papá también".

P: ¿Ellos hablaban bien croata?

R: "ehhh... depende de quién..., los hijos de la primera generación, se ve también según la edad, los más grandes son los que mejor hablaban, porque estaban solos con los abuelos, que en esa época no hablaban bien castellano, porque recién habían llegado, o sea que ya cuando nace el segundo, nace el tercero, el otro ya está yendo al colegio, ya sabe castellano, los chicos recién empiezan hablar en castellano, entonces ahí, como que va bajando el nivel, pero sabían todos..., nosotros como nietos, sabíamos lo básico, como un idioma de cocina como le dicen; las cosas básicas, canciones, y cosas básicas que hablas con la abuela y así nosotros ya íbamos al colegio, en mi casa, con mis papas hoy en día hablamos también en castellano, entonces ... pero con los abuelos si estaba presente el croata...

P: ¿Tus abuelos llegaron a aprender el castellano?

R: "Si todos, todos llegaron a aprender, o sea siempre tenían errores fijos, porque son personas que ya vinieron de adultos y que muchos de ellos no fueron a clase; empezaban a trabajar y fueron aprendiendo escuchándolo, pero sabían bien, como para llevar cualquier vida normal, mirar la tele, las noticias, todo, pero bueno la perfección nunca porque ya vinieron muy de grandes...

P: ¿Alguna costumbre croata que recuerdes en tu hogar?

R: "Por ejemplo la comida croata, porque las abuelas la mitad de los postres para la navidad, que son unas cestitas de nuez, que son típicas que son de acá para navidad, mis abuelos que son de bosnia, que son típicos de esa zona… en cuanto comida, por ejemplo, mi abuelo hacia muchos guisados, porque le gustaba mucho la carne, queso fresco, la sarma que es típica para navidad, así que la comida croata estaba muy presente.

Cuando yo tengo 7 años, tenemos que mudarnos, en ese momento no eres muy consciente que está pasando, uno sabe que se muda, no sabe a dónde, ok, sabía que existía Croacia, pero por ejemplo con 7 años no sabía ni donde estaba en el mapa, ni sabía la relación espacio tiempo distancia, era muuy chiquita.

P: ¿Cuál fue el motivo por el que decidieron volver a Croacia?

R: "Porque mi papa quería venir, mi mama no tanto, ella vino siguiendo a mi papa más que nada, pero mi papa quería venir acá, él trabajó mucho en la Argentina y digamos con todo el tema de la independencia croata, o sea, estaba muy involucrado con todo ese proceso y entonces quería venir acá a trabajar, primero vino él a buscar trabajo, a resolver el tema de la casa, vino a ver como estaba la situación, conseguir trabajo, alquilar casa, volvió a la Argentina y volvimos los cuatro…

P: ¿Cuál fue la impresión que tuvo de Croacia al volver tu padre?

R: "Bueno, mis papas nacieron en la Argentina, pero ellos ya habían estado antes, pero de vacaciones, en los primeros años de los 70, comienzo de los 80, y mi mama igualmente; tanto mi papa como mi mama, estuvieron en Croacia; incluso cuando vinimos los 4, no fue el primer encuentro con Croacia, ellos ya lo habían hecho antes, estuvieron casi un año para recorrer Croacia, así que no fue el primer encuentro..., se encontraron con la parte de mi familia que se quedó, los hermanos de mis abuelos, primos ... "

P: ¿Los lazos entre las familias en los diferentes continentes, han estado siempre unidos?
R: "Si... bueno no tanto; digamos desde el viaje, quizás no hubo tanto, pero por ejemplo mis abuelos principalmente, siempre mantuvieron correspondencia con sus hermanos acá, con sus cuñadas, sobrinos, entonces como que siempre llegaban cartas, que en su momento ya se leían en voz alta, digamos en los almuerzos familiares, entonces esa correspondencia siempre existió, para mantener la relación con los parientes que quedaron acá, digamos una relación que mantuvieron mis abuelos, pero que se enfatizó cuando vinieron, especialmente cuando vino mi mama la primera vez eh, sabía todo de la familia, pero no los conocía personalmente, en esta época no había Skype, Facebook..., solo una foto, pero, ya existía esa conexión de como querer conocer a los primos que estaban acá, conocer a sus tíos..., entonces eso facilito la transición..., esa parte de la correspondencia, que durante años mis abuelas principalmente, los abuelos no escribían, que las abuelas mantenían con los parientes de acá, yo creo que eso ayudó mucho a mantener los lazos familiares.

P: ¿Os apoyasteis en ese círculo familiar al comienzo de vuestros años en Zagreb?
R: "Si, o sea cuando vinimos, no es que no conociéramos nada, nosotros no, pero mis papas si tenían ya acá algunas

personas con quienes contar, ya teníamos algo de familia también acá, nosotros recién teníamos que conocer pero existían, no fue que vinimos a Croacia y que no teníamos a nadie, teníamos un núcleo familiar especialmente por parte de mi mama, bastante amplio, porque mis abuelos por parte de mama, fueron los únicos que se fueron, todos sus hermanos quedaron acá en Croacia, porque eran menores, mis abuelos eran los mayores, entonces ellos se tuvieron que ir y los otros que todavía eran pequeñitos se quedaron en Croacia, entonces por ejemplo, mi mama acá tenía no sé, una dos tres cinco tías 10 primos... familia digamos muy numerosa.

P: ¿Cómo recuerdas tus primeros años en Zagreb?
R: "Bueno..., con el idioma sabía algo..., bueno ese es el tema de cuando uno viene, así como de chiquito que mucho no se acuerda, yo sabía algo del croata, obviamente no sabía perfecto, pero tampoco era un idioma completamente desconocido, sabia cosas básicas, entendía bastante y a esa edad uno aprende muy rápido, nada más llegué empecé a ir al colegio y ahí, como que uno simplemente se lo chupa todo y...
Fue difícil..., no fue fácil..., incluso a esa edad es difícil el cambio...; pero lo que pasa es que, me acuerdo más de la segunda vez que vine, porque me costó más que la primera, porque había cosas como que me costaron, uno no es tan consciente de eso, como que no fue fácil tampoco, uno siente uno extrañaba..., es distinta la percepción digamos, cuando uno tiene 7 años, que uno simplemente no es consciente..."

P: ¿Cuántos años os llevasteis en Zagreb antes de volver a Argentina?
R: "Estuvimos cerca de un año y medio, más o menos, un

poco menos de dos años y de ahí por trabajo, a mi papa le mandaron a Chile, entonces... mi papa es economista, pero lo mandaron a la embajada de Croacia en Chile a trabajar, tuvo ese mandato en la diplomacia y después regresamos..., estuvimos esos cuatro años que es lo que dura el circulo diplomático, fue interesante porque estábamos más cerca de Argentina, entonces ahí si viajamos mucho más seguido, venían visitas...

Cuando vinimos por primera vez a Croacia, no venía nadie de la Argentina, en esa época el único que vino fue mi abuelo, el vino solo, uno de mis abuelos; ahora como que ya estamos más acostumbrados, cada año viene alguien, un año es un tío, otro un primo, la otra tía..., pero sabes, como que se hace más fácil, incluso por ejemplo, yo hace muchos años que no voy, pero se hace más fácil, porque tengo la sensación que todo el tiempo viene alguien, vinieron mis amigas también de visita, entonces como que uno siente..., entonces las distancias como que se achican, pero en ese momento en los 90 no había; mi abuelo fue el único que vino en esos dos años, el único que vino de visita fue mi abuelo..., aunque él ya había estado antes en los años 70, ya habían pasado veinte y pico de años, y en esa época por el tema de Yugoslavia, no entro en Croacia, sino que se encontró con los parientes, no sé si en Austria o en Trieste, los parientes viajaron allá para encontrarse con él, debe de haber sido muy emotivo, pero a los 8 años uno no registra esas cosas..."

P: ¿Cómo recuerdas esos 4 años en Chile?
R: "Bueno... con el idioma no fue problema, porque digamos acá no fue un periodo muy largo, menos de dos años, y antes, estuvimos medio en la Argentina para no perder un año entero de colegio, fuimos a mi ex colegio, y entonces ahí, ese año lo hicimos, llegamos en junio nos

metimos a mitad del año escolar e hicimos ese año en ese semestre para no perder el año y ya en Chile, o sea como preferir hubiera preferido estar en la Argentina, pero por otro lado estábamos tan cerca que ahí, si viajábamos todos los años, o venían a visitarnos.

P: ¿Qué cambio te costó más?

R: Fue Croacia, porque es mucho más lejos, el idioma…, estando en Chile era como muy cerca todo, entonces en Chile, fue como un poco más difícil el saber que uno está tan cerca y eso…, quizás fue especialmente cuando uno se ve como más grandecito sabes, como que al final ya termina la primaria, ahí como que fue más complicado, pero en si como dificultad fue el cambio a Croacia definitivamente.

P: ¿Después de estos 4 años volvéis todos a Croacia?

R: "Sí, porque mi padre siempre tenía la idea de volver, lo de Chile fue un capitulo nada más por cuestiones laborales, fue una etapa no más. Después volvimos, así que yo había terminado la primaria en Chile, así que empecé la secundaria…, ahí sí que me costó tendría unos 13 años…, ahí me costó mucho. Fue muy raro, porque en Chile prácticamente nadie habla croata en Santiago, entonces por ejemplo, esos tres años como que no escuché ni una palabra de croata, algo de algún cd que escuchábamos, algo de música, pero poco o nada".

P: ¿Y con tus padres tampoco?

R: "Es que en casa siempre hablamos en castellano, los abuelos digamos venían a cada tanto, pero ya no era ese contacto tan frecuente de todas las semanas y entonces, sí que esta vez fue un poco psicodélico (risas), entendía a la gente…, no entendía todo lo que la gente decía en la calle, pero entendía algo, y entendía cosas que no sabía ni que sabía en croata... después de 3 años y medio, casi cuatro; después de no hablar ni una palabra en croata fue raro, porque fue una época muy rara hasta volver a enganchar el croata".

P: ¿Que costumbres notabas diferentes?
R: "Acá son como más formales, fue una situación también especial porque fue época de guerra, y también uno tampoco era muy consciente de que era lo que estaba pasando, pero por ejemplo, hubo un cumpleaños que festejé, sé que vinieron muy pocos compañeros porque claro aquí son como muy formales y claro, en época de guerra quizás no tenían plata para comprarnos un regalo y entonces no venían al cumpleaños... entonces cuando uno es chico no entiende de eso, entonces no entiendes por qué de 10 compañeras vinieron 5 o esa parte, incluso cuando los parientes vienen te traen regalos, una botella de vino, una flor, una caja de bombones... claro esas costumbres acá son como más formal, de avisarse para ir a visitarte... hay diferencias, pero también son muchos factores los que influyen; en Argentina por ejemplo cuando era chica siempre estábamos en la casa de alguien, o en mi casa o en la casa de ellas, o incluso en las casas de mis abuelas, o también venían mis amigas y entonces ellas, mis amigas argentinas, conocen a absolutamente a toda mi familia, tíos, primos abuelos yo conozco absolutamente a toda la familia de ellas, acá no tanto, porque acá cuando uno ya es más grande, sale más afuera, pero también es más distinto por el tema de seguridad, yo por ejemplo con mis amigas de la secundaria no digo que nunca estuve, algún cumpleaños, conozco a los padres, algún abuelo, pero no conozco a toda la familia, también aquí las familias son más pequeñas por lo general, en la ciudad al menos no son tan numerosas eh,

pero por ejemplo en la secundaria, no era común ir a la casa de una amiga a juntarnos, nos juntábamos en el centro, solas nos juntábamos en la plaza central, nos dedicábamos a ir a pasear, ir al parque, a comer un helado, a tomar algo…, entonces íbamos a las casas nada más, quizás, para cumpleaños, o alguna fecha así…, también con algunas fui a veranear etc., pero por lo general nos juntábamos ya en la calle. Una, porque ya éramos un poco más grandes, pero igual también por el contexto, porque en la Argentina a esa edad, igual seguiría yendo a las casas de mis amigas, no saldríamos solas al centro, a lo sumo los papas nos llevaban a algún lado, pero seguían siendo la base las casas. Pero también por ejemplo en la Argentina eh…, como que todo es más grande, acá la gente vive en pisos muy chicos, con poco espacio, entonces también como que se entiende porque uno sale afuera, porque si uno tiene apartamento chico, con comedor donde viven 4 personas…, como que no hay mucho lugar para que vengan los amigos entre los hijos. Aquí todavía tenemos esa sensación de seguridad, no hay tantos robos…"

P: ¿En tus círculos de amigos hay más suramericanos?
R: "Si si, en realidad yo a la mayoría, los conocí la primera vez que vinimos, a poco a un par que habían venido como nosotros y que bueno nos juntábamos; pero nosotros estábamos bien metidos con la gente croata, por mi parte también vinieron mucha familia, tengo por ejemplo, un par de primas de más o menos mi edad que volvieron y también me junto con esos, pero en realidad con los suramericanos, me empecé a juntar cuando vino una prima mía a hacer el Croaticum por dos años, y en esa época ella estaba haciendo el Croaticum y vivía, mitad en la residencia estudiantil y mitad en casa, digamos como que estaba ahí…, se dio la oportunidad de esas becas del Croaticum, quería conocer,

quería hacer un cambio, estaba la familia, aprender el idioma, vino y al final estuvo dos años en Croacia, y entonces yo en realidad me empecé a juntar con los latinos, porque justo fue la época en la que termine secundaria y empecé en la facultad, ella estaba en el Croaticum, ellos salían bastante, porque claro ninguno trabajaba, ninguno estudiaba y eso y entonces empecé a salir con ella y con ese grupo..., ahí con que empecé a juntarme con el grupo latino, pero bueno siempre tenía mis amigas croatas del colegio de la secundaria. Hoy en día tan bien tenemos un grupo mixto digamos, por mi parte la mayoría son más croatas, digamos porque son amigas del colegio, pero como mi marido es peruano, bueno él vino de más grande y él estuvo más tiempo en la residencia estudiantil, en el Croaticum, él ya hizo su grupo de amigos, entonces nos juntamos con una gran parte, digamos y yo me muevo bien en los dos círculos..., claro mi marido vino con 30 años a Croacia, sin saber ni una palabra del idioma, y bueno se defiende ahora, nosotros hablamos en castellano en casa".

P: ¿Los eventos que se organizan en Zagreb referente a los Latinos sueles ir?, ¿te gusta participar y reunirte con otros latinos?
R: "Suelo ir, depende de cómo ande de tiempo, quizás voy seguido, pero no voy a todo, porque no tengo tanto tiempo y también yo ahora estoy en una etapa que tengo mucho trabajo profesional y no me da tanto tiempo. Voy porque me gusta, pero voy más que nada en sí, a ver el evento, no voy tanto como para conocer gente, no tengo tanto esa necesidad, quizás algunos otros latinos que están acá, que están solos, van más y van más, porque quieren ver quien vino nuevo..., yo como que no tengo tanta necesidad, porque yo tengo cubierto hablar castellano con mi papa, con mi mama, con mi hermano, con mi marido, con mi tío, con

mi tía, con mi prima;, tengo todo un núcleo amplio de personas que están como en la misma situación, que son argentinos y croatas, que están acá, entonces como que no tengo ese problema de sentirme acá aislada o alejada, mi madre hace dulce de leche, empanadas…, entonces no tengo esa necesidad de ir a esos eventos para sentirme en casa, porque yo me siento en casa, voy porque bueno me gusta ver una película suramericana, pero voy porque me gusta y voy cuando puedo, no tanto por esa necesidad de pertenencia o de sentirme en casa… porque me gusta…"

P: ¿Todavía sigues manteniendo lazos con familiares y amigos de Buenos Aires?
R: "Si si, tenemos mucha familia, porque bueno por ejemplo de mi mama todos los hermanos, dos hermanas y un hermano, están allá, así que todos mis primos están allá también, con mis amigas sigo teniendo contacto, hablamos por Skype por WhatsApp, por suerte muchas amigas vinieron acá a visitarme también, así que si, mantenemos el contacto regular…, y cuando nosotros podemos vamos, lamentablemente no es tan seguido por motivos económicos y de trabajo y de eso, pero lo que te dije, siempre alguien viene y siempre hay como un intercambio, gente que va gente que viene de visita".

P: ¿Cuáles son las razones por las que te gusta vivir aquí en Croacia?
R: En realidad, la primera vez y la segunda vez vine con la familia; la primera vez era como así más chiquita, y como que todo me iba, así pasó rápido. La segunda me costó mucho, porque ya estaba en una edad más rebelde, ya como que ya me quería quedar en Argentina con mis abuelos, con mis compañeros, con mis amigos…, pero después con los años, como que uno va viendo otras cosas, por ejemplo,

cuando terminé de estudiar y empecé en la universidad, primero hice un año de derecho y después cambié de carrera, pero cuando me agarró ahí la crisis, como que no sabía bien que estudiar, me anoté, la carrera no me gustó y me fui un año a Argentina, estuve todo un año en Argentina sola, viviendo con mis tíos, pero fui la única que me fui. Necesitaba tomar un año que no estaba segura, si quería seguir con esa carrera, no sabía bien que hacer y me fui un año a Argentina, y estuve un poco moviéndome, viendo a la familia, un poco viajando, haciendo cursos..., un año sabático; pero ahí cuando volví, ahí si fue como que fue la primera vez que yo decidí, que si quería vivir acá, eso me sirvió mucho".

P: ¿Y cómo lo supiste?
R: "A mí me gusta mucho Argentina, me encantaría ir mas de seguido, y... lo que más me falta quizás de Argentina sea la gente, que es así como más abierta, pero no puedes decir nada en concreto de la gente acá, porque también tengo amigas muy muy buenas amigas que me dan también, pero son diferentes, allí son más abiertas, eso es como algo que me falta un poco, pero como uno, como que también te acostumbras a todo..., está el estilo de vida, la calidad de vida y la tranquilidad; yo me olvide, no se a viajar 40 minutos al día por sentido para ir a algún lado, aquí está el tema de seguridad, de salir tranquilos a cualquier hora, siendo mujer, puedes salir a cualquier hora y recorrerte la ciudad de punta a punta para volverte a tu casa sin ningún problema..., no sé, hay muchas ventajas... no sé, creo que es la calidad de vida, no es tan estresante, se vive más tranquilo, más en contacto quizás con la naturaleza, un ritmo más agradable, incluso cuando una tiene así muchas cosas no se puede comparar con el ritmo que pueden llevar mis amigas en Argentina... es cuestión de acostumbrarse".

P: ¿Te sientes que tienes dos patrias?

R: "Si porque estuve la mitad de mi vida allá y mitad acá, tengo la mitad de mis primos allá y otra acá, tengo amigos acá y allá, no sé, siempre preguntan como en el fútbol y esas cosas, y yo no soy una gran apasionada del fútbol en general, no? pero como que en el fútbol si se enfrentan Argentina y Croacia, siempre estoy más con el Argentina, porque no sé, siempre que fue en Argentina al fútbol, pero por ejemplo acá con mi hermano, que le gusta mucho el deporte, acá empecé a jugar a balonmano y es un deporte que lo asocio a Croacia, porque nunca lo vi en Argentina, entonces balonmano veo los partidos de la selección croata por ejemplo, y el fútbol cuando son los partidos importantes, como el mundial, pero por ejemplo balonmano miro los partidos de la selección croata, porque estoy acá y me gusta".

P: ¿El sentimiento de identidad de su marido si es diferente al tuyo?

R: "Si, porque la situación de mi marido es muy diferente, solamente tenía un abuelo croata y no vivía en la misma ciudad, entonces él nunca escuchó hablar croata, nada y en mi caso, son cuatro abuelos, es muy diferente. Él vino con 30 años y no sabía dos palabras y nunca en su vida había escuchado a alguien hablar croata y ahora lleva ya 11 años".

P: ¿Qué rasgos piensas tu que puedes tener del carácter croata y del argentino?

R: "Bueno… es difícil…, no hay algo que podría decir que son argentinos ni que son croatas, como que uno también se adapta a la situación, y a la gente con la que está…, creo que son las cosas, cuando uno como no soy solo bilingüe, sino también bicultural, cuando uno tiene como dijiste dos patrias, como que uno se adapta al contexto y estoy en casa acá y allá y sé cómo comportarme acá y allá y cuáles son las diferencias..., no sé si realmente podría decir, este rasgo es argentino, o este rasgo es croata, porque estuve hasta los 8 años en Argentina, después estuve dos años acá, después estuve 3 años en Chile, después otra vez acá, entonces toda esa etapa de formación personal fue compartida, fue parte acá parte allá, entonces... quizás en otras personas que vinieron de grande se pueden ver...

P: ¿Si tuvieras que migrar de nuevo a Argentina que echarías más de menos de Croacia?

R: "En este momento el estilo de vida, sí, mi estilo de vida. yo cuando estuve en la Argentina lo pase genial pero soy muy consciente que fue un año sabático, no trabaje, no tenía apuro, no tenía que todos los días viajar una hora para llegar al trabajo, trabajar todo el día viajar una hora de vuelta, e irte a estudiar a las 7 de la noche y estar a las 11 y tenerte que levantar otra vez a las 6, para otra vez tener que viajar para ir al trabajo; yo era consciente de que yo estaba ahí de vacaciones, paseando, tranquila, que no es la vida del día a día...; acá esta todo cerca, como que los fines de semana hacemos una excursión, nos vamos acá, nos vamos allá, viajamos constantemente, no sé, estoy conforme, me gusta mi vida acá en este momento, y eso de la tranquilidad, de la seguridad, de no tener preocupaciones, eso eso no tiene precio".

P: Y, por último, ¿Qué echas más de menos de Argentina, aparte de tu familia y la comida?

R: "No bueno, la familia y los amigos siempre, el dulce de leche es lo único de comida que extraño, pero siempre viaja alguien y lo trae o sino,   mi mama lo cocina eh!; me gustaría que estuviéramos más cerca, en el sentido de poder viajar más a menudo, hace ya 7 años que no voy, porque siempre surgió que estaba estudiando, entonces cuando uno estudia tiene tiempo pero no tiene plata, y entonces te pones a trabajar, y no tienes suficientes vacaciones para ir y así se van dando las cosas y entonces bueno..., lo único que me encantaría que Argentina estuviera más cerca para poder ir mas de seguido, y poder ir a visitarlo más de seguido, acá... incluso hoy en día, que no es tan caro como antes ..., uno dice, si es menos de un mes no voy..."

Al finalizar, le agradezco todo, y que por supuesto, que para alguna duda que tenga antes de llegar a Sevilla y durante su estancia, que se pusiera en contacto conmigo, le doy mi número de móvil español, nos despedimos con la intención de seguir en contacto, (y que de hecho a día de hoy estamos).

9.2.3.4. Entrevista 4ª: Entrevista a descendiente croata de 2ª y 3ª generación

Mi siguiente descendiente croata es D.C., también Argentina y también a través de la red de contacto de mi informante D.P.

Me pongo en contacto con D.C. a través de una llamada de teléfono, descuelga respondiendo en croata y cuando me escucha en castellano, rápidamente continúa hablando en castellano; me presento y me comenta que ya tiene noticias mías y me dice que en estos días tiene grupos, porque ella también trabaja como guía turístico, y que podría el día 10 sobre las 20:00, que es cuando ella acaba un grupo y está por el centro, le respondo que a mí me viene bien y que nos veremos allí. Quedamos en la puerta de la oficina de turismo de la plaza principal para que sea más fácil reconocernos.

El diez de abril voy al encuentro en tranvía y a las 20:00 ya estoy en la puerta de la oficina de turismo. Me reconoce ella que sale de dentro, nos saludamos con dos besos, ella es rubia joven y alegre, me dice que conoce un café cerca conocido por ella y que es muy tranquilo, en el camino, D.C. se va parando con uno y con otros saludando y hablando con ellos y presentándomelos. Llegamos a la cafetería donde también conoce al personal de allí, y entre risas me dice, que ella de estar todo el día con los grupos turísticos, le gusta esta calle, porque aquí no llegan y puede estar tranquila sin que le molesten, su pequeño retiro.

Después de contarle que es lo que estoy estudiando y como es que he llegado a Zagreb, le vuelvo a comentar en qué consiste la investigación y que es lo que me gustaría averiguar. Le explico que la entrevista consta de 3 partes y que me gustaría que se centrara más en los recuerdos de cuando estaba en la Argentina, de las costumbres croatas que tuvieran, la decisión de emigrar y como se adaptó a esta cultura...

TRANSCIPCIÓN DE LA ENTREVISTA

P: ¿Tus padres cuando emigraron y por qué?
R: "Mi mama era de Zagreb y mi papa nació en Austria, yo creo que mucho de esto de la identidad viene..., en el 46 Croacia no existía, austriaco no es y yugoslavo nunca quiso ser. Mi padre emigró a la argentina sin papeles, con un niño de 5 años, con mis abuelos, y hasta los veintitantos, sin documentos porque no tenían nacionalidad, nadie los quería y mientras tanto, escogían la ciudadanía Argentina por adopción, pero en realidad, eran familia de Split. Se fueron ya de pequeñitos, mi mama salió de aquí con un año y mi padre ya nació fuera, pero como son de migración política, estuvieron 5 años por los campos de refugiados. De

esa época, ellos no tienen recuerdos propios, mi madre siempre se acuerda de cosas, de algunas escenas, porque estuvieron en el vaticano alojados, entonces me dice, me acuerdo de estar en el vaticano, me acuerdo…, y dice que se acuerda de cosas, pero ya de pequeñitos es un poco el recuerdo que quieres".

P: ¿Tienes doble nacionalidad?
R: "Si, pero por una cuestión, de que la Argentina no te la puedes quitar, porque me dijo una empleada, porque yo entré con pasaporte croata y me dice: "usted no es croata" y le digo: discúlpeme que dice el pasaporte, a mí no me vengas a pirotear, porque… y me dice: usted es Argentina. Mire señora, yo en Argentina no vivo desde hace 10 años y vengo con pasaporte croata y en la fila de Argentina hay 450 personas y aquí hay cuatro gatos locos, y me dice: la nacionalidad Argentina no te la sacas ni con quita manchas (risas)".

P: ¿No has tenido que pasar el examen de nacionalidad?
R: "No, no no, yo de hecho, mis padres, mi madre nació aquí y mi padre nació allá en Austria y no estaban anotados ninguno de los dos en el libro de la Yugoslavia, por lo tanto mis padres tienen nacionalidad: puntos suspensivos, nacidos aquí con puntos suspensivos, porque la ley es tan estupenda, que toda la gente que nació en aquella época, como sale de Yugoslavia, tuvo que volver a reinscribirse en los libros yugoslavos, y todos los que están en el extranjero, el 90 por ciento, no tienen derecho a sacar los papeles sino es a través de los abuelos, así que mis padres tuvieron que sacar papeles croatas como hijos de croatas, siendo mi madre nacida aquí en Zagreb, con papel de nacimiento, bautismo y todo, como un descendiente, porque no fue inscrito en los papeles.
Yo vine con estos papeles con puntos suspensivos y me lo

han dado en 20 minutos, pero yo vine en el 99, al toque
después de la guerra, que era diferente que ahora ".

P: ¿Cuáles fueron los motivos por lo que decidiste venir
aquí?
R: "Yo creo que fue..., yo como fui creciendo con la
colectividad croata, ya estaba un poco harta de la
colectividad croata en Argentina, estaba un poco bastante
agobiada... eh!, toda mi vida me enseñaron a vivir sirviendo
a dos banderas, y llega un punto donde..., al principio lo
haces como niño, como un juego, te da lo mismo porque vas
a jugar. Luego lo haces porque tus amigos adolescentes, o
sea, tienes amigos que solamente ves los sábados y los
domingos, que están en el grupo de croatas y el resto de la
escuela los ves durante la semana, te acostumbras. Como
para los 15, 16, te da como que otra vez tengo que ir, y ya es
una costumbre, y donde si vas a salir te dices, y que va a
decir la gente de mí, porque como se conocen todos, y yo no
sé; la gente que tiene mi generación, los que crecieron
dentro de la colectividad, que es diferente que la gente que
no participo; es que todo el mundo se conoce y que todos
conocen a tus padres, a tus abuelos, porque todos se
conocen del campo de refugiados, del barco, del no sé qué
cosa, y siempre dices, que van a decir de mí, porque esa
gente al emigrar sola, se hicieron todos familia, y entonces
se han casado todos entre sí, y en la colectividad tú te
sientes seguro, es una familia que todos saben quién sos, y
entonces es, ¿cómo que tu no vas a ir?, nadie te obliga pero
bueno me quedo sola..., como que teniendo 4 hijos, mi
madre por ejemplo, sola en la colectividad, mi padre
también, yo también, entonces ya llegas a un punto, que vas
porque además es algo que lo tienes adquirido, y de ahí a la
universidad; había conocido a un chico, estaba de novia con
él, porque me había dicho D.C., me tienen podrido tus
croatadas, me tienen cansado, claro porque él no era de la

actividad croata, y él de lunes a viernes iba a la facultad, podía estar con él, los sábados digo, no perdóname mañana voy a jugar al hockey y a la tarde tengo todo el día hasta la noche ocupado, y él vivía en el otro lado de la ciudad, viajaba mucho, o sea tu llegas a las 11 de la noche a tu cama directamente a dormir, y el domingo te levantas temprano para ir a la misa croata, teniendo tu iglesia a la vuelta de tu casa…, ¡es ridículo! y claro, yo le quería, y le decía por ahí tienes razón, y yo era activa, yo era del grupo de folclore, me dedicaba a la música, al folclore y al canto…

P: ¿conoces a D.M. (¿por otro entrevistado que también es del grupo de folclore?
R: "Bueno…, él es una generación mayor, pero no no…, o sea yo conozco a todos los de la colectividad y hay gente que no la conozco pero tú le preguntas a D.M que sabe de mí, te va a decir que sabe poco, porque no es de mi generación, es una generación menor a la de mis padres y es dos generación mayor a la mía o una y media, entonces estamos ahí, pero no me puede decir que no me conoce, yo conozco a la madre de D.M…, tú te has visto durante años de tu vida, todos los fines de semana, todos los eventos sociales, te has visto todas las reuniones…, él sabe de mi familia lo que yo de la suya, aunque nosotros no nos veamos pero es una familia…, eso es una colectividad, la colectividad te puede ahogar, o te puede amparar, y a mucha gente, muchos jóvenes de hoy en día fueron ahogados, porque es muy sofocante en el punto que pide mucho y en mi casa, siempre decían: hay que servir a las dos banderas; la frase servir a las dos banderas, no es una oración que yo me haya inventado, es una frase que yo he escuchado, que nosotros servimos a dos banderas y yo de pequeña pensaba, servir, servir la mesa, servir los platos y ¿servir la bandera?; como se sirve la bandera no? (risas), o sea son cosas que uno aprende desde pequeñito, entonces bueno, en mi casa

viviendo en el extranjero, no había venido nunca a Croacia, mi padre había venido en el 89 y en ese momento mi padre había dicho, bueno había estado durante tres meses, que sería muy posible que nos fuéramos todos a vivir para Croacia, y fue un momento como que.., somos 4 hermanas, era como un paso muy grande y mi padre, que nos vamos para Croacia, que nos vamos y mi madre también croata, en la radio croata súper activa, todo el mundo la conocía en la colectividad, pero es un paso muy grande, mi padre no al punto de jubilarse, pero con su carrera hecha en la Argentina, y diciendo otra vez me arrancan?, y para mí era una idea ridícula, pero en ese momento coincide la llegada de un grupo de folcloristas, en mi cabeza según las fotos de mis padres, todos los croatas para mí, eran gente como marineros, como un estereotipo no? gente con camisa rayadas o con bigotes..., grandotes y así, y de pronto llegan estos chicos, todos metrosexuales, uno más guapo que otro, normales, vestidos gente normal normal, o sea yo de pronto digo, ¿qué es esto?, o sea claro, una cosa es el prototipo de hombre, porque junto a mi padre... ah, pero que no son todos así..., hay un cantante en Croacia que se llama Mixto Covav, es como decir un Julio Iglesias, no porque él tiene carisma, pero uno que conozca toda la generación en España, y para todos, eran todos así, bigotudo, medio amorfo, no sé, con camisa rayada, una cosa como la década de los 60 y 70, y entonces yo dije ¡gente normal!, que viste... que los croatas eran normales, y mi novio me estaba ahogando con el tema de la croata, de la croatada y de la croatada..., y sale el primer llamado a concurso para la gente que quiera ir a Croacia..., yo estaba terminando la facultad y me inscribí a la beca y entre que me recibo, son dos o tres meses.

P: ¿Qué es un recibo?
R: "Graduarse en la facultad, y me estoy por graduar y me

dice un amigo, oye sabes que llaman de la universidad de Zagreb, para la gente que quiere inscribirse en el curso croata, como tu estas por terminar, te puedes hacer un postgrado; pero en ese momento no existía Croatistica, sino que te mandaban obligatoriamente a un año de preparatorio de ciclo lectivo o algo así.

P: ¿En Croacia?
R: "Si ya aquí, donde a todos los que volvían, metían dentro de esa facultad durante un año, para hacer toda la escuela primaria y secundaria en un año. Que es súper interesante, porque lo de la Croatistica (ahora se llama Croaticum), yo lo que veo, que los chicos aprenden la lengua y un poquito de cultura, eso era súper intensivo, porque era ir a la facultad todos los días y era ver literatura todas las cosas, fue una diferencia muy grande…, porque claro tú te ves inmerso, eran todos de entre 18 y 24 años, todos los que iban, no había tanta diferencia de edad, todos hablaban croata, en aquel entonces, podrías hablar mejor o peor, pero todo el mundo hablaba croata, y entonces te metían en la facultad, te mandaban de oyente según la carrera que tu quisieses, después tenías además, la parte cultural, la historia, literatura, era la escuela en un año entero. Entonces lo mandamos a ver si salía y salió.

P: ¿Entonces te viniste para hacer el año del curso?
R: "Ahí fue que compre el pasaje abierto un mes, la facultad para dos semestres, es decir un año y la valija hecha por tres meses, por las dudas que me quedaban, un poquito más de un mes y a mi novio le dije que me venía para Croacia, y él me dijo: bueno me parece perfecto, si te vuelves te voy a estar esperando, sino, te deseo mucha suerte en la vida, pero si vuelves no quiero escuchar más de la colectividad croata, que si vives en la Argentina eres Argentina; y ahí por otro lado, es algo que yo, hoy 15 años después, lo veo lógico;

pero hoy veo lógico un montón de cosas que antes no las veía, porque estaba dentro del sistema y dentro del sistema no ves la diferencia, porque claro, tienes que escoger entre herir a tus padres y dejar de hacer lo de siempre, yo desde pequeñita voy al club croata los sábados todo el día, y me los tiro ahí dentro, y todos los domingo me tiro en la iglesia, en el centro católico, en las actividades de la iglesia, o sea todos los días desde que me acuerdo..., croatas de viernes, sábado y domingo, y soy Argentina de lunes a viernes hasta el mediodía, y de pronto viene alguien y te dice eso no es normal (risas), eso no es normal y entonces mi decisión tuvo que venir con eso, terminé la facultad y dije, lo hago ahora o no lo hago nunca más, y nos venimos 4, y las 4 éramos muy activas en la colectiva, entonces fue como que toda la colectividad nos fueron a despedir, era muy gracioso, tengo fotos en el aeropuerto, todo el mundo saludando (risas), y mis padres entre que no se lo creían y súper contentos, que alguno de los hijos quiere ir para allí, pero tampoco creo que nunca se pensaron, que yo me iba a quedar aquí, bueno yo tampoco ehh!..., la incoherencia más grande fui yo..., y de las 4 chicas, una se volvió a los 6 meses, porque ella argumentaba que sus abuelos la necesitaban, no sé, bueno y tenía que terminar la universidad, otra se volvió hace 4 años, se quedó 10 años, estuvo en pareja y todo, y después cuando vio, que ni para alante ni para atrás con la pareja..., ella no se había insertado nunca, ella estaba por su novio, solo su novio y cuando no funcionó con el novio, entonces no tenía nada que hacer, y ahora en la Argentina dice que extraña vivir aquí, pero claro, si viene a vivir aquí ¿qué hace?, tiene que coger a otro novio, sino no tiene sentido..., y nos hemos quedado dos, la que me dijo lo de la solicitud y yo, ya nos conocemos de más de 30 años, yo soy la madrina de su niña, ya estamos como emparentadas.
Sé que la decisión de venir, no fue una cuestión de...., yo

creo que fue algo que tenía que suceder, porque no fue me voy a..., la argentina ésta, viene económicamente..., yo tenía trabajo, estaba terminando los estudios, tenía carrera, yo soy licenciada en publicidad y ciencias de la comunicación, no tiene nada que ver con el turismo, había hecho trabajos para Coca-Cola..., estaba bien en la agencia de publicidad, estaba bien en todos los aspectos, pero yo creo que el bichito, de ahora me voy a ver como es Croacia, porque si no me voy ahora, no me voy más, no lo voy a hacer en otro momento. Ahora terminé todo lo que tenía que terminar, termine con los estudios, termine con esto, me tomo un año sabático, y ya veo, y no venía sola, las 4 nos conocíamos de siempre, la familia..., no estaba sola, es diferente cuando uno viene solito sin saber y sin conocer la cultura, que para nosotras cuatro era diferente, porque nacimos aparte, pero ni la cultura, ni la lengua, ni la comida, nada, nos eran extraños, porque nacimos dentro de la colectividad.

P: ¿Aquí teníais familiares en Zagreb?
R: "Si, si yo tengo familia que recién conoces, es familia que recién conoces con la familia de mi madre, con la de mi padre como están en Split, como que también tienen una mentalidad un poco diferente, bueno si, somos familias por Facebook, que nos mandamos feliz cumpleaños y sabemos la vida y muerte de cada uno, pero digamos..., más que nada por la parte de mi madre estoy más ligada".

P: ¿Cómo recuerdas tus primeros años en Zagreb?
R: "Estuve ese año de preparatorio, en realidad para perder el tiempo, para ver si me gusta o no, porque yo no puedo estar sin hacer nada, yo no soy de esas personas que están ahí... En el 99 cuando llegamos, la guerra había terminado hacia poquito, la gente no tenía una Kuna, la gente lo pasaba muy mal económicamente, y lo poco que tenían lo vivían bien, es decir, yo nunca comprendía, como pueden

dejar de comer para comprarse una camiseta versacce por ejemplo, esa competitividad..., mi abuelo en la Argentina, o sea es decir mi madre, comentaba, como su padre le había dicho, que en un bar en la Argentina cuando llegaron, no tenían ni un peso, porque era pesas, ahí no?, un peso partido al medio decía mi madre; y mi abuelo se fue a trabajar a una constructora, en su vida había trabajado en la construcción, porque era diplomático, no tenía nada que ver con la construcción, pero hay que vivir, tenía una mujer y dos niñas y cuando le dan todo el salario, mi abuela le pregunta: dónde está el dinero, y mi abuelo le dice compre libros para aprender la nueva lengua, y a la segunda, ahora tengo un poco más de dinero vamos a un café, y mi madre lo cuenta como algo dramático, porque se acuerda de mi abuela estar comiéndole la cabeza, de cómo gastó el dinero en libros y ahora nos estas llevando a comer afuera, y se dijo, todo el salario en propinas y cuando mi abuela le dice pero tú estás loco, dijo: cuanto menos dinero tengas deja más propina, para que el otro no sepa la pena que estás pasando; y en mi casa es una frase donde siempre nos reíamos, recién viviendo en Croacia, entendí el significado de eso, que dejan de comer algo para comprarse una camisa de marca, nunca lo he entendido pero bueno...

Las tiendas las cerraban a las 3 de la tarde, los zapatos estaban en blanco o negros, no había más, la gente no escogía, la gente no se quejaba, aceptaban como es, no hay no hay... la vida, no me costó adaptarme, porque yo enseguida, encontré gente súper abierta de mentalidad y gente que me pareció que hoy en día son mis amigos, yo no puedo hablar de malas experiencias, porque en realidad no me pasaron...; yo creo que te juntas con las gente, según la vibración que emanas con la gente, yo lo tengo comprobado, que yo con la gente que me junto, es la que a mí me tratan bien y me es simpática, yo para que voy a estar con uno que siempre me trata mal..., no he tenido problemas ni nada aquí, en general me siento bien, en cuanto a la inserción, yo no he tenido problemas, todo me vino…, el trabajo de guía también me vino a través de conocer gente, porque yo no he estudiado turismo…, yo creo que a mí se me dieron las cosas, se tenía que dar porque se tenía que dar, porque no es normal como se fueron dando las cosas…, cuando yo empecé a trabajar, era la agencia más grande de Croacia y nadie ha entrado a trabajar en esa agencia, han pasado cuatro rondas de selección y yo sin haber hecho un curso, que en la agencia misma te hacían, yo entré a trabajar, me mandaron hacer una semana de tour, y cuando terminaba el tour a las dos semanas me dijeron, sales de tour no hay tiempo y yo al principio no quería, pero me sentí en deuda porque me han pagado una semana viajando por toda Croacia, me han dado de comer de dormir en buenos hoteles…, te hago un tour y nos quedamos y luego ya te apañas…, nunca más me baje del autobús, por eso las cosas se dieron como se tuvieron que dar, es que era imposible, otra gente fueron por otros caminos, por ahí y a mí me salieron, porque es mi lugar en el mundo, yo no lo sé… me es más fácil pensar así como que…”

P: ¿Tienes un grupo de amigos suramericano aparte de tu amiga?
R: “En realidad hasta el año pasado no me he juntado con suramericanos, no me gusta el perfil de latino que viene de América, no me gusta”.

P: ¿Por qué?
R: “Porque son todos unos oportunistas en todos los sentidos, son muy latinoamericanos, en el punto de tirar provecho, de que si hoy puedo ser croata lo voy a ser para sacar provecho, y mañana cuando no me guste soy argentino, soy chileno, soy boliviano…, entonces, yo he tenido experiencias de gente que se ha quedado con el

dinero del gobierno croata, yo facturo y cotizo en Croacia, yo estoy pagando todo esto y a mí me da por las pelotas hoy en día, tener que pagar a todos los que vienen a perder el tiempo, porque no vienen con un objetivo claro, y entonces yo en ese punto no estoy de acuerdo. De que el gobierno, o sea, si hay gente que quiere venir y las becas se dan gratis, y hay mucha gente que viene simplemente porque tuvo suerte, y está ocupando la plaza de alguien que si la necesita... Cuando yo vine te daban dinero, yo creo que el dinero ya no te lo dan, porque hubo gente que cogía el dinero, lo podías coger todos los meses o de una vez al año, y volvían a Canadá o se volvían para Argentina con todo el dinero, y la gente claro te señalan con el dedo, entonces dice, estas son las diásporas que vienen a robar. La diáspora cuando yo vengo aquí, privatizó, cerró un montón de cosas, y venían muchos hijos y gente conocida y yo conozco un montón de gente que en Argentina eran normales y yo no sé qué les pasó cuando llegaron aquí, que la oportunidad..., entonces yo que he hecho yo, salvo con mi grupito y con esta chica que nos conocíamos desde siempre, yo no me juntaba con nadie, mi argumento era, no vine a hacer una colectividad argentina en Croacia punto, yo lo viví allá y yo no vuelvo..., siempre me enteraba que alguien venia pero nada..., pero el año pasado me pasó algo muy grande, y no me pasó en Croacia me pasó en Argentina, casi me muero de repente y me quede 4 meses en Argentina, y en esos 4 meses, me sirvió, porque toda la colectividad croata me demostró sin querer, aquello que mis padres me habían inculcado de que somos una familia, que nos ocupamos, eso que tú lo tienes como normal..., porque yo me moría, me dieron 6 horas de vida de trasplante de urgencia, y de pronto organizaron la colectividad, que mis padres ya fallecieron, de manera que ellos tenían más relación con mis padres, la gente me decía yo era amiga de tu madre y empezaron a hacer cadenas de oración, gente conocida y no, gente amiga específicamente pero gente que conoce a tu familia y después de esos cuatro meses de la Argentina yo sentí además de mi familia el cariño de la gente que por conocer a tus padres..., que es lo mismo que decían mis padres, que trataban de inculcarnos..., yo no puedo decir a esa vieja que no me hable porque con mi mama es buena y yo no entendía..., y vuelvo en abril a Croacia y en junio era el mundial de fútbol y yo el fútbol, me importa tres pepinos el fútbol y el fútbol de argentina, pero de pronto me he encontré con un montón de argentinos que se quieren organizar y no saben cómo, y yo si se hacerlo porque ese es mi trabajo, entonces yo fui la organizadora de los eventos de algunos partidos de fútbol, y de ahí, es como que me acerque de un día para otro a toda la gente que la conozco de toda la vida, pero que estando en Croacia, como que no me interesaban, pero después de haber vivido esos cuatro meses en la Argentina..., y a partir del año pasado yo me junto con la gente de Argentina y me siento bien y me he dado cuenta, que aquel que no se ha adaptado, mi función es ayudarlo sabes, porque yo antes decía, yo no me quiero juntar con este, porque son todos ladrones o son todos oportunistas, o son todos que..., y luego ves, que esa postura de yo soy diferente, es una cuestión de querer asimilarte y no poder, porque no van a entender nunca de que no te vas a asimilar, te puedes adaptar, pero asimilar no, porque no has nacido en el lugar y la sociedad te va a dar por detrás, te van a aceptar, pero no eres desde el comienzo..., no has vivido, no has nacido en este suelo y es otra cultura. Así que es una gran diferencia y por qué ahora me junto con ellos ..., últimamente viene todo presionando para el argentino, pero yo creo que es el camino, del aceptar también y tener presente parte de mi vida..., la mitad de mi vida, a diferencia de mis padres, mis abuelos también vivieron mitad de su vida en Croacia y en argentina, y mis padres vivieron toda su vida en Argentina, y yo voy a vivir más de mi vida aquí en Croacia..., es como un circulo, a no ser que yo vuelva a la Argentina, yo ahora llevo 17..., si tu tomas en cuanta que una persona toma conciencia con 15 ,16, yo estoy viviendo más tiempo en Croacia que en Argentina, es algo muy lógico, entonces es como que ahora todo me viene como, yo no me junto con la gente de la diáspora porque a mí me importa tres pepinos si eres..., me caes bien pues bien, peor quiero decir, como da la vuelta, no se...

P: ¿A las actividades culturales que se organizan en la ciudad con temática Argentina sueles ir?
R: "No, porque además yo no me identifico con la Argentina del argentino, mi identificación con la Argentina, va con el de croata de la argentina, porque es algo difícil de explicar, porque yo fui educada como una persona que tiene que amar el suelo que recibió a mis padres y a mis abuelos, pero dentro de los cánones croatas, y yo no sé explicar eso..., entonces es como que..., yo no recuerdo, no sé cómo explicar, ehhh..., no es que no me sienta Argentina, yo no voy a renegar jamás del suelo que me vio nacer, pero yo no me siento 100 por cien Argentina, porque yo no me identifico con la mentalidad de la gente..., a ver, si con la mentalidad de algunas personas que tienen más de 60 años, con la gente que..., porque hoy en día la gente de argentina cambió..., cambió hoy el perfil del argentino, ya no es la gente que yo me crie, y la gente con que yo me crie se adaptó, niveló para abajo, entonces yo no me siento con esa gente que se adaptó a otro tipo de costumbres que no son las mías, en ese punto soy súper croata, siempre en Argentina fui diferente, porque era más cerrada, y en Croacia soy diferente porque soy más abierta (risas), yo creo que yo era para otro país... (risas)..., por eso no me interesan, esas actividades de las embajadas, jamás me voy a poner una banderita viva Argentina, no me interesa, no si no está vinculado con Croacia..., es raro ¿no?, yo creo que

todos los que vienen hoy en día, son súper argentinos, son dos generaciones diferentes, yo conozco a un montón de chicos que crecimos dentro de la colectividad, que tenemos una visión, porque además nos hemos formado con la visión de esta es tu familia, porque para nuestros padres, fueron la familia que conocieron, porque ellos no tuvieron ni tíos ni primos..., entonces emigras, tus hermanos quedan por aquí, con los que no pueden tener contacto por razones políticas, ¿quién va a ser tu tío?, el vecino, yo todos mis vecinos croatas eran tíos..., pero quiero decir que te formaste dentro de una colectividad, donde todos te conocen y aunque no te conozcan a ti, saben hija de quien eres, o nieta de quien eres..., es un peso diferente a la persona que nunca tuvo contacto, o que recién ahora se dio cuenta..., y es distinto porque, o sea ..., yo recuerdo por ejemplo cosas de muy pequeñita yendo a catequesis, porque mi primera comunión fue en iglesia argentina y no croata, y veníamos caminando con un amiguito y siempre un padre nos llevaba o nos recogía, y en ese caso era mi padre que nos llevaba, e íbamos caminando y me pregunta un chico, ¿porque tus papas hablan raro siempre? (risas), hablaban en croata entre ellos, ¿no? y yo no sabía que decir, porque si digo croata, Croacia no existe en ese momento, y por un segundo dije, porque son yugoslavos, (porque todo el mundo conocía Yugoslavia), yo creo que pasaron dos segundos, mi padre me coge detrás del pelo y me dice: "escúchame bien, croatas somos croatas" ..., mira tengo 9 años, vivo en un país donde el diablo perdió la cola, donde el viento da la vuelta, tengo 9 años, no existe Croacia, salvo en la cabeza de mis padres y de mis abuelos y de la colectividad, porque en el mapa existe Yugoslavia, y él me está diciendo a mí, de que Yugoslavia no existe, que tengo que tener orgullo de ser croata, que somos croatas y no yugoslavos, que eso es un invento y no sé qué..., no me acuerdo de nada más..., entonces la gente que se crio entre la colectividad, se crio con eso, la gente que los padres se adaptaron se casaron con argentinos, no tuvieron ese tipo de comentarios, pero si ahora descubren que son croatas y de hecho el padre o la madre argentino y si puede sacar un provecho, lo saca, porque es una oportunidad más, pero mientras que para nosotros fue como un dictamen, porque además, en el inconsciente colectivo de que algún día vas a volver donde tú sabes, de pequeña es ridículo lo que piensan pero..., es algo de lo que no se habla porque ya sabes que ellos piensan que ellos van a volver y tú sabes que no, porque no existe en el mapa lo que ellos están hablando.., y Croacia se hizo independiente cuando yo estaba terminando la escuela, es decir en la secundaria, yo estaba en el quinto año y a mi casi me echan de un aula de geografía, porque si bien me han educado con ninguna pretenciosa ni política... no, políticamente decir no ser comunista..., soy anticomunista pero no nacionalista, no de ese tipo, sino como todo aquel que te borra tu identidad es mala persona, una cosa así... y el comunismo hace eso por el inconsciente colectivo, el comunismo te lleva a eso, eso es más o menos la idea, no ninguna de nacionalismo ni de esas tonterías, pero esas palabras las tenía dentro y en un aula de geografía, un profesor dijo, no se me va a olvidar nunca, y dijo como que está resurgiendo el nacionalismo en los países pequeñitos muertos de hambre, como los croatas, los eslovenos (risas), yo no me lo podía creer, por un segundo yo me levanté y le dije "como se atreve, se nota el tinte colorado que lleva usted en la sangre", me echó del aula obviamente..., esas palabras no son mías, eso es un rejunte de años de escucharlas..., y yo cuando lo dije pensé, que estoy diciendo, porque además yo tenía un 10 en geografía y me van a poner un cero, de hecho me mandaron a examen, o sea..., menos para que problemas..., menos mal que cuando llegué expliqué lo que era, mi papa estaba contento ¿no?, porque la niña tomó carta en el asunto..., pero quiero decir que es diferente la crianza que a mí, me fue durante mucho tiempo inculcado..., a ver, yo me aislaba, actuábamos, bailábamos en la colectividad argentina, Yugoslavia croata, que no es lo mismo, unos son comunistas que están haciendo nuestros bailes, nosotros somos los normales y tu bandera croata..., sabes lo que es seguirle el carril a tus padres y a tus abuelos, que ¡viva Croacia!, pero tú sabes que no está en el mapa dibujado (risas), yo no vivo en Croacia por eso, es una diferencia, yo tengo el sentimiento...; hay muchos chicos, una generación menor que la mía y te diré porque yo tengo un hermano que tiene 30 años, esa generación tiene la cabeza quemada completamente..., donde ¡viva Croacia!, solo Croacia es buena, todas esas cosas..., de los que han vuelto, muchos se quieren volver, porque la gente aquí, ese sentimiento no lo tiene y entonces se vuelven a la Argentina donde pueden seguir con eso...; la tercera generación del 81, esos se formaron en el momento... Croacia se hizo independiente en el 91, si nacieron en el 80-83 cuando tú tienes 13-14 años, cuando tu estas dentro de la colectividad; por eso en la mía, nosotros veníamos de estar hartos de defender algo que no existe, y ahora que, déjame en paz, ya está (risas)...; hay una gran diferencia y estos, que por ejemplo mi hermano que han venido para acá, mi hermano es anti Croacia, el más pequeño, porque vio esas reacciones de sus compañeros de baile, donde... están locos ustedes, pero si eso no es normal, ese comportamiento no es normal, de que ¡viva Croacia!, y él dice: "yo vivo en Argentina soy argentino".. y entonces, en las tres generaciones de la misma familia, las diferencias que hay, pero ¿por qué?, porque él podría haber sido uno de estos de Croacia independiente libre y no sé qué cosa, así sin embargo en ese momento, tomó una actitud de, eso no es normal porque..., ya estábamos..., nosotros somos 4 hermanos, de los cuales tres somos del 70 y el pequeñito ya nadie contaba, por eso en la casa estaba la reacción de los tres mayores..., ya está

Croacia independiente, déjame en paz, basta del llanto a mi Croacia..., o sea, en mi familia todo el tema fue como un cumplimiento, entonces cuando se hizo independiente...; sabes lo que es vivir toda tu vida con molinos de viento del quijote (risas), defender lo indefendible, entonces cuando se liberó ¡ya está!, ahora me quedo o no me quedo..., el que tiene 30 años y sigue con el mandamiento de los abuelos, lo pasa mal, porque ese chico se formó en el momento del surgir el nacional de Croacia, de la independencia, y por eso tiene la cabeza medio quemada. Yo creo... esa es mi lectura..., que por otro lado pienso, que le hace falta un poquito más de tiempo para darse cuenta, que eso si no..., y por eso se vuelven ellos, los que vienen a Croatistica, y se vuelven porque ellos no...; por ejemplo a mí me han dicho que soy una comunista y yo de comunista no tengo nada, pero como no defiendo ideas de ese tipo, yo reacciono diciendo no está bien, ellos dicen a esta le lavaron la cabeza..., una señora llamó a mi madre por teléfono para decirle, oye a tu hija le lavaron la cabeza y mi madre me dice D.M., te dije que esas cosas no se hablan con la gente de la colectividad (risas), porque esa gente no van a aprender nunca me decía, gente que no se escolarizó en Croacia y no se va escolarizar, porque llegaron..., es cierto también..., tu date cuenta que mi madre si se escolarizo en Argentina, pero la tía de mi madre que viajo con mi abuela, ella tenía 14 cuando se fue de Croacia y ella no termino la escolarización y cuando llegó a Croacia, entre que te adaptas, aprendes la nueva lengua, que educación puede tener una persona de 70 años, yo ya no puedo explicarle cosas, porque no es que no tenga inteligencia, es que no ha vivido el proceso de educación de ninguno de los sistemas completos, y así la mayoría de la diáspora tiene ese problema...

P: ¿Tienes pensado volver a la Argentina?

R. "Yo si mañana volviera a la Argentina, me gustaría colaborar en la colectividad, porque después de tantos años viviendo aquí, tengo mucha más experiencia…, y en la escuela de idioma con los chicos, para organizar ferias, cantar…, pero no volvería a hacer lo mismo, mientras viví en la Argentina, me parecía normal esa vida, hoy no me parece normal, y si me quedo aquí en Croacia, mira, yo soy croata nacida en la argentina, si me vuelvo para la Argentina, yo soy una señora que nació en Argentina y viví muchos años en Croacia por mi familia, pero soy Argentina punto, no tengo el peso encima…"

P: ¿Qué echarías más de menos de Croacia si te fueras?
R: "La seguridad, el saber vivir de la gente, la gente sabe vivir aquí, quiero decir trabaja lo que tiene que trabajar, lo justo y necesario para poder vivir bien, en Argentina una de las razones, a veces me pongo a pensar…, pero yo en Argentina viajaba una hora a un trabajo, yo fui maestra de escuela primaria que enseñaba pintura y después en la universidad, ayudaba en el departamento y el novio y la colectividad (risas), yo vivía estresada, yo me levantaba a las 6 de la mañana y cuando estudiaba en la universidad iba a la noche, así que a las 6 de la tarde terminaba de trabajar, entre los viajes, mi comida era macdonals, porque lo único que podías comer o una pizza o un bocata, porque no llegas…, de 6 de la tarde a las 11 en la universidad, y después en autobús para darte la vuelta y llego a mi casa de 12 a 12 y 30, y la mañana siguiente otra vez…, yo dormía el domingo por la tarde, el domingo era para descansar, o para ver a tus amigos, tenías que escoger y eso no es normal tampoco, pero si es en Argentina y lo viven así…, yo eso no podría volverlo a hacer, por eso yo a Argentina, volvería solamente con alguien que me mantenga (risas), no, a mí me gusta vivir bien y una de las razones por las que vivo en Croacia, es porque me pagan para hablar en español; las vueltas que

da la vida, me pagan para hablar en español, después tengo todo el invierno libre, me puedo ir de vacaciones a la Argentina, yo hago todo mi dinero durante el verano, yo dejo de trabajar en noviembre y siempre enero, febrero, marzo, tengo cuatro meses para estar en una playa de Argentina con mi familia y volver aquí..., y aquí durante el verano, hoy trabaje en la mañana y ahora estamos aquí tomamos un cafecito, te vine a buscar, mañana tengo un grupo a las 10 a la 14:00 yo ya estoy libre, entonces, ¿yo me volvería a la argentina hoy? No, porque tengo un trabajo donde me pagan para hablar en la lengua que me formó en la educación de la patria, que me hizo sufrir durante 20 años (risas), fíjate que es como una unión..., yo podría vivir sin problema en Argentina, pero no a trabajar..., por eso digo que me mantenga, entonces sí, a vivir la vida.

P: ¿De tus rasgos de personalidad o de costumbres, como te ves más?
R: "Yo no me veo muy argentina, pero a mí los croatas me dicen que me ven muy abierta, muy latina, por eso no sé qué decirte..., no sé si argentina,, porque no me creo argentina en el punto..., estoy pensando, a mis amigas de la colectividad, a las que crecieron digamos en el mismo marco de las pautas con las que yo he crecido, y ellas tienen unas cosas que yo no hago; por ejemplo como cosas que son muy típicas de argentina, donde yo no me siento, y digo eso no se hace..., pero sí que una cosa muy tonta; antes de organizar los partidos de fútbol estos, bueno pues las junte en mi casa, y de pronto escucharon la música de argentina y se pusieron a gritar, y las mire y cerré las ventanas y dije: por favor que me dan vergüenza, y se me quedaron mirando y le digo, pero por favor..., y yo jamás hice eso en la Argentina y jamás lo haré, no no me encuentro en ese tipo de cosas..., yo tomo todas las mañanas mate por ejemplo y el mate es algo que me ata mucho a la Argentina sin atarme,

yo no necesito ni gritar..., por ejemplo mi amiga que dice: las mujeres argentinas son las más listas, yo como voy a decir eso, si mi madre y mi padre son croatas, mi genética es croata, es una ridiculez, entonces yo eso no lo entiendo (risas); en ese punto si hubiera nacido en china, soy china entonces, son tan ridículas estas afirmaciones que hacemos a veces, porque yo, si hubiera nacido en la china, como no soy arigato (se pone los ojos achinados), no me van a decir que soy china, me van a decir que soy croata nacida en china, pero como nací en país de ojos redonditos, no se nota...; me siento Argentina en el punto de tomar mate por ejemplo, con la comida no tengo ligación con las comidas, las tengo ligadas completamente a las comidas croatas, de hecho una amiga que es antropóloga también, me ha contado, que escribió un artículo de cómo se están perdiendo, y me ha dicho que primero se pierde la lengua, luego se pierde la religión, y por último se pierde la comida en cuanto uno va perdiendo su identidad, y para mí la comida la tengo totalmente ligada a la croata, fíjate porque es lo primero que uno recibe debe de ser, a mí me liga el mate, en mi casa nadie tomó mate, nadie de mis hermanos, hoy en día toman mate, tienen hiervas, cuando van a la Argentina compran mate por mí; ¿yo cuando empecé a tomar mate?, en la facultad, cuando estaba con mis compañeros y entonces el mate a mí me ligaba a los argentinos y el mate me liga a mis compañeros de mi facultad argentinos, no me liga el dulce de leche..., pero en realidad extrañaría en argentina... la comida croata, no porque yo sé cocinar y me la cocinaría, o sea que la comida no sería algo que me extrañaría, extrañaría la calidad de vida, de que no tengas miedo de que te vayan a robar. Extraño dos cosas de la Argentina, el olor a tierra mojada de las tormentas de verano, y las tormentas de verano..., en Argentina cuando se cae el cielo de la humedad que hay, de un clima subtropical o no sé qué tipo debe de ser, y entonces en dos segundos se pasó la lluvia y se levanta el olor de la tierra mojada, aquí no hay tierra, entonces no sientes ese olor, y a veces muy rara vez, esos momentos que llueve así, que la gente dice que espanto como llueve, y yo tengo una sonrisa de oreja a oreja, porque para mí eso me trae a recuerdos de la infancia, el olor a tierra mojada después de la tormenta y el mate esas son dos cosas que me hacen sentir argentina; no sé cuánto tendrá que ver con argentina, pero en general me gustan las canciones patria de la argentina, y a veces me levanto, porque yo canto todos los días, y a veces me pongo a cantar, no sé, "marchas", y si me escucharan allá en la argentina, me dirían que soy "goriala", militar, pero porque en mi época, se enseñaban las marchas del día de la bandera, del día de patria..., claro yo me eduque en el 75 y hasta el 83 estaban los militares, yo en el 81 empecé la escuela, de manera que para mí el formar fila y muchas cosas de las canciones de las marchas están ligadas..., extraño eso que está ligado al concepto del país, no a la realidad, que es lo mismo que hicieron a la inversa en argentina a mi familia, que me ligaron al concepto de Croacia y no a la realidad de Croacia, es lo mismo, porque yo en argentina amaba la bandera croata, las canciones y la comida y la tradición, pero no la realidad; aquí también hay ladrones, aquí también hay drogas, aquí también hay porquería..., entonces yo en ese punto me siento adaptada totalmente y si mañana me tengo que volver a la Argentina ya te he dicho, no volvería a trabajar, en el sistema de trabajo en argentino nunca más, pero para que alguien me mantenga o con la lotería, si...; están mis hermanos, están mis sobrinos, no es que los extrañe porque yo puedo viajar todos los años, ellos no vienen porque son muchos y yo soy sola y la justificación es esa, es más fácil y por su parte a ver dónde se alojan..., es mucho gasto, y todos trabajando, allí tienen 15- 20 días como mucho de vacaciones, no es como aquí..."

Terminamos la entrevista y nos quedamos más tiempo charlando, hablamos de la ciudad, de mis meses aquí, y de todo en general. Nos despedimos y quedamos en vernos el domingo, porque es el día de la ciudad de Zagreb y hay una procesión de la virgen de la puerta de piedra, que es el referente de esta ciudad. La virgen está en un cuadro y le tienen tanto cariño en la ciudad, porque es lo único que se salvó de un gran incendio en la iglesia donde se guardaba. Me explica en qué consistirá la procesión; misa en la catedral con todas las hermandades de la ciudad, obispo, alcalde y algunos ministros y después, la llevan en procesión otra vez a la puerta situada en el centro de la ciudad, (destacar de este evento, que quien precedía la procesión fueron los militares, los "defensores", por lo que se ve la vinculación tan fuerte que todavía sigue con los recuerdos de la guerra).

9.2.3.5. *Entrevista 5ª*: *Entrevista a descendiente croata de 2a y 3a generación*

Me pongo en contacto con M.B., este contacto es a través de Mauricio que le explicó lo que yo estaba haciendo y estaba dispuesto a responder a mis preguntas. Llamo a M.B. y rápidamente sabe quién soy y el motivo de la llamada. Quedamos al día siguiente en vernos a la 13:00 en la plaza principal de Zagreb.

Al día siguiente me desplazo a la plaza, una vez allí nos reconocemos, aunque no nos hemos visto nunca. Nos saludamos con dos besos y me pregunta a donde vamos, le respondo donde pongan un buen café, a lo que me responde: "eso no es difícil en esta ciudad", y es verdad Zagreb es conocida por sus numerosos cafés y la calidad del café, siempre dispuestos a tomar café a cualquier hora.

Vamos a la calle principal donde están las cafeterías más modernas y elegimos una terraza a la sombra, por el día tan caluroso que hacía.

Empezamos a hablar de pequeñas cosas y le explico cómo he llegado a Zagreb y le resumo mis meses viviendo en esta ciudad, le comento como en todas las entrevistas, como va a estar estructura la entrevista y en lo que me gustaría que se centrara, le comento que comience a hablar por donde quiera sin problemas, y que de vez en cuando iré haciendo preguntas para resaltar algunas cuestiones.

Pedimos cafés muy calientes y comenzamos la entrevista. M.B. tiene 45 años y actualmente está buscando trabajo, lleva 6 meses viviendo Zagreb con intención de quedarse a vivir. Nació en Colombia, pero la mayoría de sus años estuvo viviendo en Caracas, Venezuela.

TRANSCIPCIÓN DE LA ENTREVISTA
P: ¿Cuánto hace que emigraste a Zagreb?
R: "Desde febrero, pero puedo decir que llevo toda la vida, porque todos los años estaba viniendo, yo nunca he dejado de venir, es más yo vengo aquí desde la época de la Yugoslavia; siempre veníamos una vez al año por dos o tres meses, el año pasado fue la primera vez que me quede 6 meses, y esta vez llegue en febrero, ya con intención de quedarme definitivamente; pero desde los 10 años vengo una vez al año para visitar a mi familia".

P: ¿Cuáles son el ascendente croata?
R: "Mi padre y mi madre croatas... 100 por 100; mi madre es de Zagreb, o como le dicen aquí en Zagreb, a los croatas de la capital, pulgeritca, y mi padre de la región de Ilica".

P: ¿Cuándo emigraron tus padres?

R: "Ellos se escaparon del régimen de Tito en el año 57, mi papa y mi mama se casaron y mi mama no tenía ni 18 años cumplidos. Mi papa era piloto del ejército yugoslavo, y entonces, pero claro anti comunismo, anti todo, pero como era obligación estar en el ejército, él eligió la parte aérea porque le gustaba, y bueno ellos se casaron, tuvieron a mi hermano, y ella huyo de aquí con mi abuela a Austria. Allí estuvieron prácticamente un año, mi mama, mi abuela y mi hermano, esperando por mi padre. Mi padre fue agarrado por tres veces cuando trataba de escapar, y fue puesto preso, y no pudo irse, y la cuarta vez fue como de película, pero es realidad tengo hasta los documentos, mi papa pudo lograr huir de acá con papeles falsos, mi mama desde Austria lo organizó, pagó y vinieron dos austriacos y le hicieron pasar la frontera, fue la única manera, y él cuándo cruzo la frontera porque tenía miedo, y entonces él, de repente se halló en la mitad del puente y miraba y entonces le decían en alemán que se viniera, pero él no sabía, estaba nervioso, el pobre cruzó y ya se sintió en Austria, él tenía un revolver y lo tiro al Danubio..., sin nada en la mano, no llevaba maleta ni nada, lo que llevaba puesto, tenía solo en el bolsillo una postal en blanco y negro de la ciudad, que mi mama le envió a él, diciéndole te queremos mucho, besos y abrazos, pero en la foto de la postal, mi mama le puso una flechita al edificio, y él entendió que en ese edificio estaba viviendo mi mama, y claro él cuando llegó a la ciudad, se fue guiando y preguntando y llegó al edificio, y se reencontró con ellas. Después de ahí ellos se fueron a Génova, porque era la época de emigración y en Génova le dieron a escoger, si quieren irse a Venezuela, Australia, Estados Unidos, Colombia, dijeron que a Colombia, porque el hermano de mi mama ya había huido mucho antes, él era futbolista de la selección del Dinamo, de la ex Yugoeslavia y él en el año 53 – 54, se quedó en Italia y de ahí se fue a Colombia y es así como mis padres llegan a latinoamerica, huyendo de un régimen que los tenían acosados. Mi papá era ingeniero metalúrgico, consiguió un buen trabajo en Cali sin hablar, pero para lo que él hacía no necesitaba el idioma, y bueno poco a poco fueron aprendiendo el español, allá siempre lo hablaron con el acento europeo croata y bueno después nací yo en Cali, yo tendría 4 o 5 años cuando mi papa fue trasladado a Venezuela por la empresa de Colombia, y nada, así fue como llegamos a Venezuela y por mi obtuvieron ellos la nacionalidad venezolana, porque había una ley que si venias antes de los 6 años eres venezolano por derecho después del año, pero renunciando a la colombiana..., mi papa me eliminó la colombiana y me dejo venezolano claro, 10 años después, más o menos yo tendría 15 o 16 años, vino una nueva ley de la doble nacionalidad y yo pude optar por recuperar la mía colombiana con orgullo y después lógicamente tenía la doble nacionalidad; hasta que Croacia vuelve a ser Croacia; y él que venía era yo, porque ellos eran perseguidos por el régimen de Tito, y mis padres me envían para estar con mi abuelo, mi abuela, mis tíos por parte de mi papa, y yo con 10 años ya empecé a venir.

Los recuerdos que tengo de esa época, una Croacia hermosa pero muy triste, no, la Croacia de Zagreb de antes en la época de Yugoslavia, no es el Zagreb que tú ves ahorita, con tanto movimiento, era muy oscuro, muy gris..., existía un solo tipo de tienda, faltaba mucho de todo, faltaba el café, faltaba el pan, yo cada vez que venía traía entre 5 y 10 kg. de café para la familia, porque aquí, o tenías que irte a Austria o a Hungría a la frontera para hacer compras, y traértela a escondidas en la época de Yugoslavia. Lógicamente me mandaban para que yo practicara más el idioma, escucharlo más, porque allá solamente era en la casa.

P: ¿En Venezuela no os juntabais con otros emigrados croatas?
R: "Nosotros vivíamos en la ciudad de Maracay en

Venezuela, ahí no había croatas sino en Caracas, cuando nosotros llegamos no sabíamos…, cuando llegamos a Caracas, por una señora que por coincidencia en una tienda estaba hablando algo, y mi mama llevaba una cartera típica colgada con motivos croatas, y la señora se acerca y le habla en croata a mi mama…, fue muy bonito, y mi mama te digo se quedó sorprendida y la señora le contó que aquí hay una comunidad croata, que estaba el hogar croata, hay cerca de 3000 o 4000 croatas, había en ese entonces, era una comunidad de todos los croatas que habían huido de la época del comunismo, muchos habían llegado a la ciudad de Valencia, a dos horas de Caracas, que era un campo y fueron a trabajar en el campo, otros llegaron a Caracas y otros… en diferentes lugares de Venezuela, pero después, poco a poco todos se fueron viniendo a la capital y entonces el club organizaba almuerzos todos los fines de semana y nosotros íbamos".

P: ¿Vosotros os mudasteis a Caracas?
R: "Si nosotros ya estábamos viviendo en Caracas. Hasta los 15 años fui parte fundador de la juventud croata de Venezuela, junto con otro grupo de muchachos y muchachas, decidimos porque vimos que los croatas estaban divididos en dos bandos en Venezuela, asuntos políticos internos de ellos, pero nosotros decíamos, la juventud no tiene por qué inmiscuirse en esos asuntos.

P: ¿Que diferentes opiniones tenían?
R:" Era sobre todo, de organización del hogar croata…, no tenía nada que ver con Croacia. Allá todos eran croatas croatas, y pasa de que, cuando nosotros fundamos la juventud croata, éramos 4 parejas, 4 hombres y 4 mujeres, y comenzamos a buscar trajes típicos, no teníamos, entonces que pasaba con los trajes típicos, empezaron a ayudarnos a coserlos, compraron las telas blancas, nos los hacían, tu

sabes..., los bordados, los manteles viejos bordados, los cortaban los iban poniendo los chalecos, o sea, se ideo todo para tener un traje típico croata; ya después más adelante si, los traíamos de aquí. Nosotros yo te puedo decir que bailé cerca de 15 años con la juventud croata, y el folclore croata, después tuvimos nuestro profesor, un señor que se dedicó a nosotros..., nuestros padres nos ayudaban, mi mama nos ayudó mucho; mi mama fue bailarina desde los 15 años hasta los 17, aquí en Zagreb, de un grupo de baile, que hoy en día es un grupo que tiene 66 años desde que se fundó, muy conocido el grupo folclórico, y es más, ellos tienen fotos de mi mama aquí con su traje típico y todo de ese entonces..., mama jovencita con su pelo largo, o sea es cómico; y así fue como siempre nos fuimos identificando culturalmente con los croatas, a diferencia que en Colombia ves, porque en Colombia no hay una comunidad, no están organizados; en Venezuela si se organizaron... en Argentina y Chile, la comunidad es enorme, igual que en Canadá y EEUU, muy grande, en Brasil es grande, las únicas embajadas en Latinoamérica y consulado general croata, existen en Argentina, Chile y Brasil, no en Colombia y Venezuela, dependen de Brasil, entonces es la cónsul general que viene cada cierto tiempo a Colombia o a Venezuela, a hacer lo que se llama la semana consular, para arreglar los papeles a las personas, la nacionalidad... por ejemplo; el colombiano necesita visa para entrar acá y el venezolano no, es una gran diferencia. Bolivia y Perú dependen de Chile. Argentina tiene toda la parte del sur, Paraguay Uruguay..., esperemos el día de mañana contar con un consulado general en Colombia, que es un país céntrico, para que trate de Ecuador, Venezuela y Colombia, que es la idea, eso esperamos, porque se ha descubierto hoy en día, que en Colombia hay muchos descendientes croatas, porque antes no se sabía. Mi tío en Cali, él es un industrial, es conocido allá y poco a poco cuando vieron el apellido de él, se le fueron metiendo los croatas y preguntando, y mi tío lógicamente, fue haciendo como una base de datos de los croatas, que despúes él mando cuando se abrió el consulado en Brasil; él los llamó y le dijo, yo tengo la base de datos de acá y se la envió y así poco a poco, tu sabes, se fueron sabiendo quien era quien en Colombia; lo mismo pasó en Venezuela…, él ayudó muchísimo en Colombia, se puede decir a los croatas a los que pudo…, otros lo hicieron por su cuenta…, había muchas formas, pero todos querían volver a tener su identidad croata y los hijos de croatas querían ser croatas.

P: ¿Qué recuerdos tienes tu en el hogar con tus padres?
R: "Tantas cosas (risas), tienes que ver mi apartamento, hoy en día se conserva tal cual, porque yo cuando fallece mi madre hace 3 años, yo vendí mi apartamento, y yo le compro a mi hermano su parte del de mi mama, y es ahí donde yo vivo, y es la que tengo todavía allá. Todos los objetos son croatas, la cristalería es de la época de Yugoslavia, que era el cristal de Samovar, muy conocido, hoy en día creo que ya no se hace la talla de cristal como se hacía antes…, los ceniceros pesados de cristal…, todo eso fue traído de aquí, cada vez que yo iba, mandaba algo a la familia conmigo y así…, los bordados, los manteles todo se conserva en la casa, todo. Siempre tuvimos mucha unión, te digo, de la identidad croata, tensamos nuestras misas con nuestros curas croatas en Venezuela; hasta que murió, yo aprendí a rezar en croata gracias a mi abuela, y yo voy aquí a la misa croata…; hay que tener su identidad cada país claro, Croacia existió como Croacia antes de la primera guerra mundial, esto fue un país, entonces el escudo croata comenzaba por blanco, hoy en día el escudo croata comienza por rojo. La diferencia es que la antigua Croacia era un país libre que nació libre, y acuérdate que el origen croata se dice que viene de Irán de la primera gente que

llegó en esa época a Europa, eran de Irán. Esto fue un país que nació de la paz de la tranquilidad y el escudo comenzó en blanco y el segundo escudo de la nueva república croata empezó en rojo, porque lo lograron a punta de sangre por la guerra, esa es la diferencia del escudo..., pero uno debe de ser tolerante con cualquier religión o comunidad uno debe de aprender eso".

P: ¿Dentro del hogar hablabais en croata?
R: "Si, de puertas para dentro hablamos en croata, hasta pensaba en croata a veces, porque llega un momento que tú piensas en croata, ves hoy en día, yo pienso en croata a veces y a veces en español, depende (risas), es que aprendí los dos idiomas igual, naturales".

P: ¿Qué costumbres conservabais croatas?
R: "Yo me crie desde pequeño en la mentalidad venezolana, pero dentro del hogar eran todo costumbres croatas, la comida, por lo general mi madre procuraba hacer una vez en semana un plato croata. La cultura nos la fueron ellos transmitiendo desde chiquitos, desde mi abuela pues, y vamos a hacer pimentón al relleno, que eso es típico nuestro, ah que hoy vamos a hacer sarma que es el pollo relleno..., divino te lo recomiendo, o los pasteles, el brazo gitano que es de nueces o de amapoloa, esos eran los dulces típicos que se hacían en casa. Nos contaban las historias de la época de Yugoslavia..., yo supe todo lo que pasaron mis padres lógicamente y también por las demás personas de la comunidad croata, o sea todos tenían historias parecidas de como escaparon del régimen".

P: ¿Os llegaba información desde Croacia? ¿Cómo estabais informados?
R: "En la época de Yugoslavia era por cartas, tardaban en llegar 2 o 3 semanas, pero llegaban siempre, de mi abuela,

de mi abuelo, después murió..., mi papa llego a ver a mi abuelo en Trieste, en la frontera, ellos fueron de aquí todos en carro, mis dos tíos, dos tías, mi abuela y mi abuelo..., se fueron en dos o tres carros hasta Trieste, ellos pasaron la frontera y mi papa estaba en el otro lado, y llegó a ver a mi abuelo un año antes de morir, y entonces lo vio al viejito, y fue la única vez que él vio a sus padres después de veinte y picos de años que no los veía..., fue muy triste para todos ellos, fue muy triste, porque ya después que Croacia se liberó de Yugoslavia, entonces mi padre y mi madre deciden venir por primera vez, felizmente ¿no?, y ellos emocionados nos lo decían a mi hermano y a mí, mira nosotros nos vamos a ir a Croacia el mes que viene, queremos ver, como esta eso, ver la familia y arreglar nuestros papeles croatas, entonces ellos vinieron, la guerra terminaría en el 91 y ellos vinieron en el 92, y entraron tranquilamente, pedían visa se la daban en la frontera, en el aeropuerto, pero cuando vieron que eran nacidos, igual tuvieron que tener la visa, pero mi mama y mi papa me comentaron que cuando se fueron con sus partidas de nacimiento de la ex Yugoeslavia a la oficina de emigración, aquí en asunto de 15 a 20 minutos, le dieron la partida de nacimiento aquí de croata con el escudo, y cuando fueron a pedir el pasaporte duró media hora, ya tenía el pasaporte en sus manos croatas y a la semana le dieron la ciudadanía.

P: ¿Qué impresión le dieron esa primera vez?
R: "Ellos notaron igual la ciudad en el comienzo, porque nunca había cambiado, cuando llegaron ellos después de la guerra lógicamente había muchas cosas destruidas, Zagreb no tanto, no sufrió tanto la guerra, si hubo zonas bombardeadas, pero no tanto como Vucobar o Lica, pero en Zagreb así no tanto, si la vieron igual gris, triste todavía..., la gente amargada. Porque tu hoy en día lo puedes ver, no sé si lo has notado en la cara de la gente, sobre todo la gente

mayor, tiene cara de amargura, de pena y tristeza…, porque el nivel de vida aquí, es bastante costoso para ellos que tienen una pensión baja, y entonces vive amargada la gente mayor, los jóvenes tú los ves con otra cara ¿verdad?, los jóvenes no pasaron lo que pasaron la gente mayor, es diferente, ahora este Zagreb, que yo viví el anterior y veo este, hay un gran cambio, limpio más vida, porque la juventud es alegre…, la juventud de aquel entonces de la Yugoslavia era triste, no podías hablar. Mi tía me llevo a una joyería de un joyero muy amigo de ella en la época de Yugoslavia, yo quería mi escudo croata en oro, para colgarlo en mi cadenita de oro, y mi mama quería que yo me lo hiciera, y entonces ella me llevó y me lo hicieron, y un día lo llevaba puesto e iba yo en el tranvía solo, y se veía el escudo y se me acerco uno de la milicia de la policía, pero se ve que era croata, y él me dijo así, se me acercó al oído y me dice, o te cierras la camisa o te quitas y te guardas la cadenita, porque no podías enseñar el escudo, y era el escudo empezando en blanco, porque era el de antes, yo enseguida me lo quite y guardé la cadena, nunca más la saqué, y mi tío me regaño en la casa cuando llegue, ni se te ocurra, tú te vas, pero los que estamos aquí, después vienen en contra de nosotros. Yo cada vez que venía aquí a Yugoslavia, mis tíos tenían que llevarme a la policía a registrarme de que yo había llegado".

P: ¿Tu hermano también venia?
R: "No, mi hermano nunca vino, nunca se atrevieron porque era un bebe, él huyo de 8 meses, mis padres nunca se atrevieron; yo era el único porque no nací aquí, yo nací colombiano, era venezolano y yo venía…, me mandaban con mi cartelito vía París con una azafata y me entregaban en la otra línea Yugoslava de entonces y ella me entregaba aquí a mis tíos y así era como yo viajaba, siempre claro hasta que fui mayor de edad, ya con 13 años no viajaba así…"

P: ¿Recuerdas más de esos años aquí?, tenías más amigos?
R: "Tenia más familia, tenía más primos había más unión eso sí, había más unión yo te digo ehh…, desde que llegué aquí en febrero no he visto ni a un primo mío, solamente a una prima, bueno no es prima de directa consanguinidad, pero mi mama era la madrina de la mama de ella de confirmación, los padres de ella era los padrinos de boda de mi mama, la abuela de esta muchacha, era la madrina de bautizo de mi mama, o sea que somos como familia, yo le digo tía a ella, y es la única con la que he tenido relación. Y mis tíos viven aquí, pero son gente muy diferente, hoy en día ellos han cambiado, no sé si por la edad porque son muy mayores, están todos amargados debe de ser porque la vida que llevan es dura, no sé las razones en realidad…, he tratado de acercarme a ellos, he visto que hay mucha frialdad, entonces no…, nada más con esta que yo le digo prima y casi todos los domingos almuerzo en la casa de ellos, porque aquí es la tradición el almuerzo familiar, eso se estila muchísimo, si si el almuerzo familiar…"

P: ¿Cuál es el motivo por el que decides emigrar a Croacia?
R: "Escapar de Venezuela, escapar del comunismo…, entonces se repite la historia al revés. Mis padres escaparon de aquí por un comunismo que había una dictadura y allí en Venezuela cada vez fue peor la situación, después que murió mi mama, la situación en Venezuela se puso espantosa, tanto que ni café conseguía en las tiendas, para comprar ni azúcar, la empresa que era de la familia, la fábrica de plástico, cada vez iba en decadencia, no había clientes, los textileros estaban quebrando, cerrando, la materia prima que yo utilizaba, el plástico, había que comprarlo de china, cuando era fabricado en Venezuela entonces; fuimos poco a poco y yo dije, antes de quebrar o de cerrar prefiero vender…, decido poner en venta la empresa, nadie la quería

comprar, pero me viene un señor que él me compraría el local vacío, tenía 2000 m2 y le digo ok te lo vendo, dame tiempo de yo vaciar y yo vender todo..., se hizo un acuerdo se firmón en tres meses yo logré vender las maquinas viejas, alguna las vendí como chatarra, para cuanto antes vaciar el área ¿no?, y cuando lo vendo me voy de Venezuela, y mi hermano está en una isla holandesa a media hora en avión de Caracas, mi hermano nunca trabajo en la empresa, lleva allí ya 10 años como instructor de buceo que es su profesión y cuando murió mama él se regresó pero a vivir a la isla margarita en Venezuela, donde están los hijos de él, él es divorciado y él se quedó allá, aunque ya se siente la necesidad hoy en día, por lo que yo sé de él, y todo muy difícil..., ni medicinas consiguen a veces..., y esa es mi decisión de venirme, de huir de ese sistema, porque no estoy..., desde que entro Chávez al poder, después entro Maduro y empeoró las cosas, yo vendo la fábrica y a los tres meses me llega un email del señor que me compró y muy triste y me dice, el gobierno me expropio la fábrica y no me pagó nada; y yo dije yo tuve un ángel guardián, mis padres, que hicieron que yo vendiera eso a tiempo, sino me lo hubieran quitado a mi todo..., totalmente y esa fue mi decisión, huir de ese régimen, buscando libertad y aquí me siento libre..."

P: ¿Y alguno de tus amigos de la comunidad, también emigraron?
R: Si claro, yo diría que más del 50 por ciento están aquí. Aquí hay un centro de congresos fórum, eso es de unos venezolanos que son compañeros míos de la juventud croata, pero ellos van a cada ratico a Venezuela, porque tienen el mismo congreso lo tienen en Caracas aun trabajando..., y tengo si muchos amigos de Venezuela que están aquí..."

P: ¿Los primeros meses como te has sentido?

R: "Croata totalmente, he tenido a lo mejor un poco de problema con el idioma, por ejemplo cuando he visto televisión, por eso me inscribí en el Croaticum, porque hay vocabulario, digamos... yo aprendí el idioma croata de casa, pero el croata profesional el que se escucha por televisión, tiene palabras, dialectos o vocabularios que yo no conozco, entonces el 80 por ciento o el 85 yo lo entiendo, y ese 15 por ciento no, que es lo que me cuesta y fue mi decisión tomar Croaticum..."

(Hablamos de la gente que conocemos en común de los latinos)

P: ¿En tu grupo cercano de amigos están los latinos y por otro los croatas?

R: "Tengo amigos más que nada latinos, un grupo croata es más difícil, es muy difícil. Como te digo eres emigrante, aunque seas croata, pero no eres igual a ellos, ellos son ellos, ellos son croatas y entrar en un círculo de muchachos croatas ya es diferente, ves que siempre vas a ser un extranjero para ellos, siempre. Digamos nosotros aquí los venezolanos somos muy unidos, por ejemplo, este sábado nos vamos a reunir todos los venezolanos porque una muchacha va a hacer una parrillada, el domingo tenemos una reunión los colombianos, y yo voy a los dos..., claro cuando yo empiece a trabajar espero tener mi circulo croata, espero.

O sea, yo me siento un inmigrante, aunque sea croata, yo me siento inmigrante y para ellos aquí, yo soy un inmigrante, porque cuando yo hablo croata con ellos, me dicen que de dónde eres, porque lo pronuncio todo más cantado y por eso también quiero ir al Croaticum, porque ahí tu sabes, te enseñan a poner más fuerza y carácter a la lengua, yo si hablo bien el croata y lo hablo lo leo, medio lo escribo, si lo escribo peor con mis errores porque yo no lo estudié…"

P: ¿Sueles asistir a los eventos en la ciudad de temática latinoamericana?
R: "Hasta ahora no ha pasado estando yo aquí, sí sé que lo han hecho y que han organizado reuniones…, por ejemplo, hace poco hubo de lo de Belburg, ¿te acuerdas? que fue el 70 aniversario de la matanza de Belburg que fue en Austria, la semana pasada el sábado y fueron unas 50.000 personas a la conmemoración, hubo una misa y yo fui con la bandera de Venezuela y mi gorra con otro amigo venezolano, y con su gorra y te ves a todos con sus banderas croatas y nosotros venezolanos, y la foto nos ves a nosotros ahí.., y la gente me preguntaba ¿quién eres tú?, yo le contestaba en croata yo soy de Venezuela, pero yo vengo acá porque mi abuelo a muerto acá, el papa de mi mama lo mataron en Belburg. Mira Belburg fue cuando terminó la segunda guerra mundial, fue culpa de los ingleses, los ingleses los vendieron a los yugoslavos y los yugoslavos los rodearon ahí y eso fue una matanza. Y yo quise ir a ver el sitio donde murió el papa de mi mama, porque fue militar y murió ahí en Belburg. Están en fosas comunes, eso es un campo y ese campo, los austriacos lo dejaron tal cual, ahí nadie se mete, es como una iglesia al aire libre abierta y ahí es donde se hacen las misas, se respeta, es un sitio muy sagrado, muchísimo y los austriacos lo han respetado.

P: ¿Sigues la actualidad de tu país y en contacto con amigos que quedaron allí?
R:" Si, sigo el día a día…, a lo mejor el año que viene vaya a visitar. Tengo mi piso ahí pero no lo puedo alquilar, allí las leyes de alquiler tienen que ser por el dinero y el tiempo que diga el gobierno, y si la familia tiene un hijo, tu no lo puedes sacar y entonces como en el edificio que está mi piso nos

conocemos de toda la vida, mi abogada es mi vecina y ella tiene las llaves, ella abre el apartamento lo airea, abre los grifos de agua para que corra el agua... si no, no se puede dejar así..."

P: ¿Cuáles son las razones por las que te gusta vivir en Croacia?
R: "La sangre me llamó, mi sangre me llamó..., fíjate que yo me podría haber ido a Colombia, pero me llamo la atención Europa y Croacia. La sangre croata te llama".

P: ¿Y te sientes bien aquí?
R: "Aquí me siento libre. Aquí voy al teatro y sales a las 11 de la noche con tu teléfono en la mano y no sientes que te van a atracar ni a robar..., yo en Venezuela no puedo llevar el reloj en la mano porque me matan. Esta cicatriz que tuve, es un atraco hace 7 años..., me secuestraron en mi carro manejando y después yo empecé a manejar en zig zag cuando vi a un policía, y el atracador me pego con la cacha de la pistola y yo me fui contra una casa, y con la cara yo reventé el vidrio del carro..., llevo cirugía plástica y todo y por eso es que le agarré cosa a Venezuela, no hay libertad. Y aquí, aunque seas emigrante croata, pero eres libre y vas y vienes... y eso sí, me siento con los mismos derechos que este señor que está aquí sentado, o que ella..., tengo los mismos derechos eso sí..., en eso yo me siento muy croata."

P: ¿Te sientes que tienes dos patrias?
R: Yo me siento que tengo dos patrias, Colombia y Croacia. Venezuela hoy en día pasa a ser una tercera patria, antes era una segunda patria..., con todo y eso la llevo en el corazón, llevo a Venezuela en mi corazón, me duele lo que está pasando en Venezuela, me entristece, tengo muchas amistades allá que están sufriendo, me duele por ello, no crea..., si ellos se pudieran ir se irían, si la situación llegara a

cambiar el gobierno, yo creo que yo no volvería, porque va a pasar 10 o 15 años en que vuelva a ser un país productivo..., no tiene sentido, el país está dividido, hay odio a nosotros que somos claritos, no podemos ir a la plaza de Bolívar, porque allá los que son más oscuritos te tratan con groserías, porque eso lo hizo Chávez, Chávez dividió al país, es más, cambiaron la historia de Venezuela, los libros hoy en día de historia de Venezuela, no son los mismos de los que yo estudié..., la gente se va porque, qué futuro se puede tener allá en ese país..., no hay futuro lamentablemente. Yo me pude haber quedado o haberme ido a Estados Unidos, pero no me llamó, Estados Unidos me gusta para ir de paseo, pero hasta ahí, para vivir no..., no acepto la forma de pensar americana que solo piensan en ellos mismos, son cerrados y yo soy muy abierto, soy alegre, relajado..., aunque aquí hay algunos croatas que son amargados, bueno que sean amargados..., Yo soy alegre (risas), nosotros tenemos que darle vida los que hemos llegado aquí"

P: ¿Qué rasgos dirías tú que tienes?
R: "Croata, ahí si te digo croata (risas), me identifico mucho. Por parte de mi madre tengo la parte folclórica, yo voy a todos los eventos folclore; por parte de mi padre el fútbol, él era jugador del Dinamo, además mi papa fue monaguillo de una iglesia en Croacia y yo acostumbro, no todos los domingos, voy a misa, soy católico apostólico y romano, pero no soy de esos que se dan golpes de pecho y van todos los domingos, no yo hablo con Dios a mi manera, pero cuando siento de ir a una iglesia yo voy a la iglesia donde mi padre fue monaguillo, porque claro en esa iglesia se casaron mis padres también, y entonces me ata eso; y de carácter tengo mucho de mi madre, mi mama era muy extrovertida, alegre..., mi mama venia aquí y le molestaba ver esta gente con cara de amargura y mama le decía a mi tío, al hermano de mi papa oye, ustedes sois amargados

vamos a salir a tomarnos un café..., entonces le decía vamos a dar un paseo, pero yo quiero ir al centro a la ciudad, yo no quiero estar en Dubrava que no hay nada, mi mama decía, esto está muerto yo quiero vida, vamos a comernos un helado, en verano cuando ella venia, entonces casi no salía, entonces mi mama se iba sola..., entonces yo tengo el carácter de mi madre eso si..., y saque mucho carácter, de que le digo a la gente en la cara lo que pienso y eso es gravísimo, a veces más yo digo que mi papa llego a ser el hombre que fue por la mujer que tenía al lado, trabajó al lado de él, lo impulsó y los dos juntos lograron hacer lo que llegaron a hacer..., gracias a ella. Y aquí donde ella nació, en la calle principal al final, vas a llegar a una casa que es una intersección, en esa casa nació mi madre..., entonces yo trato de ir ahí y las cenizas de mi madre están regadas en el jardín de esa casa..., la mitad de las cenizas fueron regadas en la isla donde estuvo mi hermano y la otra mitad de las cenizas están aquí en el jardín donde ella nació..., mi mamá nunca quiso saber de cementerio ni nada..., y yo soy igual, encontrar de una tumba o cementerio y obligado a ir a llevar flores..., tú recuerda como éramos nosotros..., eso es lo que aprendí de ellos.

P: ¿Qué buenos recuerdos te han quedado de Venezuela?
R: (piensa) "La comodidad, aquí te acostumbras a vivir con otro nivel de vida, yo allá tenía más comodidad..., tenía mi carro, salía, viajaba a cualquier lado, trabajaba, ganaba bien, vivía muy bien..., o sea yo cambié comodidad por libertad..., todos nosotros de vivir cómodos de tener una comodidad hemos venido aquí a cambiar nuestro estilo de vida, yo de vivir en un piso de casi 200 m2, vivo aquí alquilado en un piso de 35m2, pero claro, echo de menos eso..., el paisaje de Caracas es bello...., yo desde mi habitación en Caracas lo primero que veía era la montaña del Avila..., eso es mi recuerdo más bello..., ver mi

montaña".

P: ¿Que echarías de menos de Croacia si tuvieras que emigrar de nuevo?
R: La libertad que hay aquí, con todo que se vaya el comunismo, allá no hay libertad, no hay seguridad. Aquí yo me siento muy seguro..., por eso te digo que volver a Venezuela, si me tocara volver me dolería mucho, porque tendría que adaptarme a vivir otra vez como allí vivía..., como decimos como un ventilador dañado..., mirando a todos lados..., aquí me siento muy croata y me gustaría quedarme aquí..., mi sueño es quedarme aquí.

Al terminar la entrevista decidimos quedarnos más tiempo y pedir otro café, en esta conversación me cuenta, de que le gusta moverse por todos los círculos de la ciudad, que lo mismo va a ver un espectáculo de folclore al teatro, como va a una noche temática del Hotel Swanky, que por cierto también conoce a Luis del que estuvimos hablando, me doy cuenta que al final todos los latinos que llevan más de un año se conocen o saben de ellos. Por lo que se consideran como una pequeña familia que se ayudan y donde se apoyan. Me confiesa que él siempre se va a sentir como un inmigrante, aunque tenga la doble nacionalidad que eso no siempre será así.

Nos despedimos y mientras esperamos el tranvía me comenta, que al día siguiente, han quedado bastantes latinos en un chalet que está a las afueras de Zagreb para hacer una parrillada, ella también es descendiente de croatas, y su familia tuvieron que irse con el cambio de régimen, y ahora están intentando recuperar propiedades que les fueron quitadas a su familia. En esa casa suelen hacer reuniones de latinos, porque tiene un gran jardín, y sobre todo, para comer comida típica con la primavera.

También me dice que cuando uno de ellos viaja a su país o a otros países donde puede comprar ingredientes para hacer comida típica, suelen quedar todos para comerla todos juntos (como una gran familia).

9.3. Análisis de los resultados

Por el análisis de estas entrevistas, nos acercamos a nuestros objetivos, en el plano de que nos llevamos un mayor conocimiento, sobre las pautas de conservación de la identidad.

Tenemos que decir, que los entrevistados fueron elegidos al azar, con los únicos requisitos de que fueran descendientes croatas y vivieran en la ciudad de Zagreb; al finalizar todas las entrevistas, nos dimos cuenta que un punto importante en común que tienen todos, es que fueron criados, (ellos mismos o sus padres), dentro de la colectividad croata, por lo que presentan unas características similares, (Vivían en comunidades croatas, iban a la iglesia croata, asistían a los eventos croatas), en la conservación de la identidad croata. Aquí nos lleva a enlazar, como en nuestro marco teórico explicamos, que las colectividades, experimentan cierto sentimiento de solidaridad porque comparten ciertos valores, y porque un sentimiento de obligación moral, los impulsa a responder como es debido a las expectativas ligadas a ciertos roles. Esta formación, la tuvieron nuestros entrevistados en la fase primaria, y volviendo a nuestro marco teórico, significa que fue un aprendizaje puramente cognoscitivo, puesto que se efectúa en condiciones de enorme carga emocional, que una vez internalizado, se produce la identificación con el grupo, adquieren una identidad subjetiva coherente y plausible. Además del aprendizaje cognitivo, tiene que haber un consentimiento de los sujetos, por eso una vez adultos, se produce la socialización secundaria, que induce al individuo a nuevos sectores del mundo objetivo de su sociedad, que se desarrolla en función del contexto social, por eso vemos en nuestros entrevistados, discursos diferentes del sentimiento de identidad y de cómo se identifican.

Vamos a dividir los resultados de nuestros entrevistados, por las diferentes etapas que tratamos en las entrevistas.

- **Recuerdos de los primeros años:**

La llegada a un nuevo espacio social, político y cultural fue difícil, como también la adaptación a un nuevo continente, con sus peculiaridades geográficas y climáticas. La mayoría de los migrantes, sin depender de su nivel educatico, atravesó el proceso de movilidad social descendente, realizando trabajos físicos o no cualificados.

Todos nuestros entrevistados conservaban la imagen de Croacia, se leían libros y revistas, se hablaba croata dentro del hogar por lo que lo conocen desde pequeños.

Vivían en comunidades croatas donde vivían más familias croatas, había iglesia y fundaron numerosos centros croatas, en los cuales se desarrollaban actividades culturales, sociales y políticas. Esto contribuyó a la conservación de la identidad croata.

La idea del retorno, estaba presente en la mayoría de estas familias. Mantenían asiduo contacto con familiares y amigos que vivían en Croacia, a través de cartas y paquetes que se enviaban. El hecho de habitar en las mismas calles o barrios, trabajar en conjunto y asistir a ciertos eventos sociales, permitió que muchos emigrados y sus descendientes estén constantemente en un entorno étnico croata.

La mayoria de los entrevistados, iban a la escuela croata los sabados y comenzaron a participar en los grupos folklóricos. En estos centros, en ocasiones especiales, se preparan platos típicos, se escucha música croata, se venden productos alimenticios y souvenires y hasta se organizan talleres vinculados a la tradición cultural croata.
Se hablaba en idioma croata y así se transmitían historias sobre Croacia. Todos los entrevistados confirmaron haber practicado ciertas costumbres croatas.

Siempre estuvieron en contacto con Croacia, tanto con sus familiares y amigos, como de la politica del pais. En sus casas siempre hay objetos que les recordaba a Croacia y para ellos tenian un valor simbolico. Los adquirian por visitas puntuales al pais o a traves de mensajeria.

Las razones que motivaron a emigrar a Croacia a nuestros descenidentes, son todas por diferentes motivos, pero no les costó tomar la decisión por ser ya un pais conocido para ellos, (aunque para algunos fuera solo imaginado), y por la red de familiares y amigos que conservaban aquí.

- **La vida en Croacia. Adaptación.**
Para las dos entrevistadas que nunca habian estado en croacia, si lo recuerdan como un periodo dificil y raro. Destacaron que las amistades en sus paises se generan más rápidamente y que la gente es más accesible. Para los otros que nunca habian perdido el contacto con Croacia porque hacian vistitas puntuales, no les costó su adaptación.

En cuanto al idioma, aunque todos hablaban en croata en el ambito familiar y algunos acudian a clase de croata en el club croata, si notaron que les costaba entenderse y que muchas palabras que ellos utilizaban ya estaban en deshuso, pero que con el paso del tiempo pudieron ir superando esta barrera. Esto nos lleva a concluir como las lenguas se regeneran, cambian y modifican con el paso del tiempo.

Entre sus circulos sociales, nuestros entrevistados nos confirman que tienen grupos tanto de croatas, como de retornados.

Todos los entrevistados suelen hacer reuniones con personas de su misma nacionalidad y celebrar actos, comidas o simplemente reunirse, utilizandolo como medio de conservación de su identidad.

Todos los entrevistados, siguen en contacto con familiares y amigos que estan ahora en sus paises de origen, y cada cierto tiempo suelen viajar a verlos. Y estan al corriente de la actualidad de sus paises. Aquí confirmamos nuestra hipotesis de transnacionalismo, de estar presentes en dos realidades a la vez.

Los retornados comparten una histora de migración común, marcada por el bilinguismo croata-español, ciertos hábitos adquiridos durante la vida en su pais de origen y el hecho de tener que hacer frente a la adaptación a la vida en Croacia.

La vida en Croacia presenta las siguientes ventajas para los entrevistados: mejor calidad de vida, clima más agradable, la presencia de parques en grandes ciudades, diversas atracciones naturales, distancias geográficas más cortas, pero sobre todo la seguridad y la libertad.

Y el último aspecto del analisisis nos lo da Bartih, en que en la identidad, el foco debe estar puesto en aquellos factores y elementos que los individuos aceptan, eligen y asignan, como peculiaridades que implican y marcan a su porpia identidad. Así a la pregunta que efectuamos a nuestros entrevistados, de ¿Cómo te sientes?, Todas las respuestas han sido diferentes.

10. A Modo De Conclusiones

Estas conclusiones son breves y escuetas, ya que en el apartado de cada técnica de investigación aplicada, hay un espacio para las conclusiones.

De la lectura de dichas conclusiones parciales y de este resumen, se han de extraer las grandes líneas definitorias de lo que ha sido este trabajo.

Entendemos que todo el trabajo hasta aquí presentado, nos ha llevado a comprender mejor el problema planteado a nuestro objeto de estudio.

Aunque no se podrían llegar a posibles conclusiones, entre otros factores por el carácter de la etnografía realizada, a modo de prueba de lo que sería un informe final completo, que se correspondiera con un intento amplio de alcanzar todos los objetivos propuestos en el proyecto, sí entendemos oportuno presentar algunas consideraciones finales.

Como conclusión analítica, podemos afirmar el papel importante que juegan tanto las instituciones públicas y privadas en la conservación de la identidad croata, y el acercamiento que hace entre la cultura croata y los países de sus descendientes. Así nos los ha demostrado en el estudio que hemos realizado de los principales organismos encargados para ello.

Formulábamos en nuestras hipótesis, que la construcción de sentido de pertenencia, está estrechamente relacionada con las interacciones sociales, la cultura y el contexto social y así, en las personas que vivieron o viven dentro de una colectividad, el sentido de pertenencia al grupo es mayor, como así nos los han demostrado nuestros entrevistados, que comparándolos con los estudiantes del Croaticum que no tuvieron esas interacciones sociales en sus países de origen, su señas de identidad croata es poca o casi nula.

El proceso de construcción de la identidad, está influido por el contexto social en donde se desarrolla el grupo, pero aparte de estar adscrito a un grupo y compartir sus pautas y valores, deben de sentirlo; así nuestro grupo de estudiantes, aunque van y se relacionan con la población autóctona, todavía no se sienten identificados con el grupo y en cambio, a los entrevistados que sí tuvieron un proceso de socialización diferente desde su niñez, si muestran un sentido de identidad más marcado.

A través de este trabajo, podemos ver que el capital social y las redes de migrantes, tuvieron un papel importante durante la estadía de los potenciales retornados en Croacia, y por supuesto contribuyen a tomar la decisión de residir permanentemente.

Hemos comprobado como los migrantes, en sus paises de destino buscan conservar su identidad croata, hablando el idioma en la esfera privada, practicando ciertas constumbres, participando de eventos sociales, culturales y políticos, conservando algunos objetos de valor simbólico y manteniéndose informados sobre Croacia. Entre aquellos que migraron a Croacia, podemos notar estas mismas prácticas, pero en relación a su pais de origen y al idioma español.

Sobre el objetivo de saber cómo ven la población croata a estos retornados, hemos podido comprobar que bastante positiva, se interesan por su cultura, (sobre todo idioma y comida), e interactúan con ellos en las actividades organizadas en la ciudad, esto lo hemos podido comprobar tanto por los eventos observados como por mi estancia en la ciudad.

11. Bibliografía

· Agar, M. (1982)." Hacia un lenguaje etnográfico". Pp. 117-140, en Reynoso, comp. 1992, *El surgimiento de La Antropología postmoderna*, Barcelona, Gedisa.

. Appadurai, A (1990) "Disjunction and diffrence in the Global Cultural Economy" in M. Featherstone de. Global culture. London: SAGE

. Appadurai, A (2000-1996) Modernity at large. Cultural Dimensions of Globalization. Minneapolis: University of Minnesota Press.

. Ardite, B (2000) "El reverso de la diferencia" en B. Arditi de. El reverso de la diferencia. Identidad y política. Caracas: Nueva Sociedad

· Anderson, B. (1993) *"Introducción"*. Pp. 17-25 en *Comunidades imaginadas*. Buenos Aires. Fondo de Cultura Económica.

. Bash, L.N. Glick Schiller y C. Szanton Blanc (1998) Nations Unbounded. Trannational projets, postcolonial predicaments and deterritorialized Nation-States. Langhorne, Penn: Gordon and Breach

· Barañano Cid, Ascensión. (2010) *Introducción a la Antropología Social y Cultural*. Madrid. Departamento de antropología social Universidad Complutense de Madrid

· Berger, Peter y Luckman, Thomas. (1979). *La construcción social de la realidad*. Buenos Aires. Amorrortu.

. Beck, ulrich (2007) ¿Qué es la globalización? Falacias del Globalismo, respuestas a la globalización Ed Paidós ibérica

· Beriain, J. y Lanceros, P. (1996). *Identidades culturales.* Bilbao. Universidad de Deusto.

· Bourdieu, Pierre (2003) *El oficio de científico. Ciencia de la ciencia y reflexividad. Barcelona.* Anagrama Pp 154-164.

· Castells, Manuel. (1998). *La era de la información. Economía, sociedad y cultura. El poder de la identidad Vol. II.* Madrid: Alianza

. *Čapo Žmegač ,Jasna* Return Migration: the Changing Faces and Challenging Facets of a Field of Study *Zagreb*

. Cohen, Robin (1996) *Diasporas and the nation-state: from victims to challengers.* International
Affairs 72,

· Díaz de Rada Brun, Ángel. (2010). "La lógica de la investigación etnográfica y la mediación computacional de la comunicación. Viejos problemas con un nuevo énfasis." Revista Chilena de Antropología Visual, Nº. 15: 40-57. http://www.antropologiavisual.cl/diaz_de_rada.htm#2

· Giddens, Anthony. (19959). *Modernidad e identidad del yo.* Barcelona. Península.

· Giddens, Anthony. (1999). *Consecuencias de la Modernidad.* Madrid. Alianza.

· Giménez, Gilberto. (1977). *"Materiales para una teoría de las identidades sociales".* México. Instituto de investigaciones sociales.

· Godelier, Maurice. (1990) *Lo ideal y lo material: pensamiento, economías, sociedades.* Madrid. Taurus Humanidades.

· González Echevarría, Aurora. (20099. *La dicotomía emic/ etic. Historia de una confusión. Barcelona.* Anthropos.

· Habermas, Jürgen. (1987). *Teoría de la acción comunicativa.* Madrid Taurus.

· Habermas, Jürgen. (1989). *Identidades nacionales y postnacionales.* Madrid. Tecnos.
· Hammersley, Martyn y Atkinson, Paul (1994). Etnografía. *Métodos de investigación.* Barcelona. Paidós.

· Hobsbawm, Eric J. (1944). *Identidad.* Brikbeck College, Londres. Revista internacional de filosofía política. Año 1994, n.3

. Hobsbawm, Eric (1992) *Naciones y nacionalismo desde 1780.* Barcelona

· Ibáñez, Jesús. (1979). Más allá de la sociología: el grupo de discusión: teoría y crítica. Madrid. Siglo XXI.

. *La Tragedia de Bleiburg. Documentos sobre las matanzas colectivas de los croatas en la Yugoeslavia comunista en 1945.* (1963) Studia Croatica. Edición Especial

· Lapierre, J.W. (1984). "L'identité collective, objet paradoxal: d'où nous vient-il?", in:*Recherches Sociologiques*, Vol. XV, núm. 2/3, pp. 195-206.

· Levi-Strauss, Claude. (1977). Paris. *L´identité*. Grasset.

· Lisón Tolosana, C. (1977). *La máscara de la identidad: claves antropológicas* Barcelona. Ariel.

· Lisón Tolosana, Carmelo (1982). *La singularidad plural. Antropología cultural y especificada. Revista* española de investigaciones sociológicas. número 18, 1982. http://dialnet.unirioja.es/servlet/ejemplar?codigo=5587861

. Mauss, Marcel (1972) *Sociedad y Ciencias Sociales. Obras III*. Editorial Barral
.
. Martinez, G (2006) "Culturas líquidas. Ductilidad y Mestizaje en un Mundo Globalizado". Imágenes de la Diversidad Cultural en Sociedades Contemporáneas Curso de verano Uned.

· Pérez Argote, Alfonso. (1984. *La identidad Colectiva: una reflexión abierta desde la sociología. Revista de Occidente Nº 56 Pp 76-90.*

. *Pollak, Michael (1992) Memoria e identidad social Estudios Históricos. Vol. 5, nº 10 Río de* Janeiro

· Pujadas Muñoz, J.J. (1992). *El método biográfico, El uso de las historias de vida en las ciencias sociales. Cuadernos* Metodológicos, Nº 5., Madrid.CIS.

. Ragazzi Francesco: The Invention of the Croatian Diaspora: Unpacking the Politics of "Diaspora" During the

War in Yugoslavia Ph.D. candidate, Institut d'Etudes Politiques (Paris) and Northwestern University (Chicago)

. *Ramirez Goicoechea, E (200) Antropogenia. Cómo la Humanidad construye sus propias condiciones de existencia.*
· Rubio, María José y Varas, Jesús. (19779. El *análisis de la realidad en la intervención social: métodos y técnicas de investigación. Madrid.* CCS

. Safran, William. *Diasporas in Modern Societies: Myths of Homeland and Return. Diáspora* 1, 1991.

· Sen, Amartya. (2007) *Identidad y violencia: la ilusión del destino.* Buenos Aires. Katz.

· Velasco, Honorio y Diaz de Rada. EL trabajo de campo.

. Centro informativo croata www.hic.hr/español

12. ANEJO DOCUMENTACIÓN

Convocatoria

Según los artículos 33 y 60 de la Ley de las relaciones de la República de Croacia con los croatas fuera de la República de Croacia (BOE 124/11 y 16/12), y el Artículo 45 de la Ley de la Administración del Estado (BOE 150/11 y 12/13), relacionado con el Artículo 15 del Reglamento sobre la organización interna de la Oficina estatal de los croatas fuera de la República de Croacia (BOE 52/12) y según el artículo 6 del Reglamento de becas para el aprendizaje del idioma croata en la República de Croacia (Clase: 016-04/14-03/05, Número de registro: 537-02-03-14-03) del 6 de mayo de 2014, la Oficina estatal de los croatas fuera de la República de Croacia (en adelante la Oficina estatal)

anuncia

CONVOCATORIA PÚBLICA

para la obtención de becas en el año académico 2014/15
para el aprendizaje del idioma croata en la República de Croacia

1.) TIPO DE AYUDA FINANCIERA

La Oficina estatal aprueba las becas para el aprendizaje del idioma croata con una duración hasta dos semestres.

A la Convocatoria pública podrán aplicar los miembros del pueblo croata, cónyuges de éstos y aquellos amigos del pueblo croata y de la República de Croacia que aprecian la identidad croata y promueven su unidad cultural. Habrán de haber finalizado al menos los estudios de secundaria, no ser menores de 18 años y tener residencia fuera de la república de Croacia o figurar como residente permanente o temporal en la República de Croacia como máximo en los dos años anteriores contados a partir del día de la publicación de la convocatoria pública.

No podrán optar a dicha beca aquellos candidatos que al mismo tiempo disfrutan de otra beca en la República de Croacia.

La beca aprobada por la Oficina estatal de los croatas fuera de la República de Croacia:

- cubrirá los gastos del curso para el aprendizaje de la lengua croata (que se pagarán a la institución organizadora del curso)
- cubrirá los gastos de hasta dos comidas diarias (que se pagarán al Ministerio de Ciencias, Educación y Deporte)
- cubrirá los gastos de alojamiento (ya sea privado o en residencia universitaria) en una cuantía de hasta 300 kunas mensuales.
- dotará a los beneficiarios con 100 kunas mensuales para cubrir necesidades personales

2.) LUGAR Y TÉRMINO DE CLASES

Las clases se imparten en la Facultad de Filosofía de Zagreb, Split y Rijeka:

- Semestre de invierno (del 1 de octubre de 2014 al 31 de enero de 2015)
- Semestre de verano (del 2 de marzo de 2015 al 13 de junio de 2015)

3.) DOCUMENTACIÓN OBLIGATORIA

A) Los candidatos- miembros del pueblo croata-deberán presentar la siguiente documentación:

1) Formulario de solicitud debidamente cumplimentado y firmado por el candidato
2) Curriculum vitae corto (explicando el motivo de la solicitud)
3) Todos los pasaportes válidos en posesión del solicitante
4) Comprobante de residencia fuera de la República de Croacia (carnet de identidad en el extranjero u otro documento correspondiente). Si el candidato ha vivido durante los dos últimos años en la República de Croacia, habrá de presentar la prueba de su residencia permanente o temporal en la República de Croacia (documento expedido por el Ministerio de Interior de la República de Croacia)
5) Partida de nacimiento
6) Justificante de pertenencia al pueblo croata -documento público del candidato o de sus padres u otro ancestro que evidencie el estatuto de residente : p.ej.: partida de nacimiento, certificado escolar, copia de registro de alumnos, tarjeta de estudiante, afiliación laboral, cartilla militar, certificado matrimonial, certificado de defunción o de bautizo (en el caso de que estos documentos contengan datos sobre la nacionalidad croata), decisión sobre la concesión de ciudadanía croata según el artículo 16 o 11, o declaración escrita del/ de la responsable de la Misión Diplomática o consular de la República de Croacia o de la asociación de emigrantes croatas (si la pertenencia al pueblo croata se demuestra con un documento oficial del ancestro, también hay que demostrar el parentesco con éste y presentar un certificado de nacimiento de los padres, es decir de sus padres y sus antepasados miembros del pueblo croata).
7) Certificado de finalización de la escuela secundaria o estudios universitarios.

B) Los candidatos- cónyuges-deberán presentar la siguiente documentación:

1) Formulario de solicitud cumplimentado (firmado por el candidato)
2) Curriculum vitae corto (explicando el motivo de la solicitud)
3) Todos los pasaportes válidos en posesión del solicitante
4) Comprobante de residencia fuera de la República de Croacia (carnet de identidad en el extranjero u otro documento correspondiente). Si el candidato ha vivido durante los dos últimos años en la República de Croacia, habrá de presentar la prueba de su residencia permanente o temporal en la República de Croacia (documento expedido por el Ministerio de Interior de la República de Croacia)
5) Partida de nacimiento
6) Justificante de pertenencia al pueblo croata -documento público del candidato o de sus padres u otro ancestro que evidencie el estatuto de residente: p.ej.: partida de nacimiento, certificado escolar, copia de registro de alumnos, tarjeta de estudiante, afiliación laboral, cartilla militar, certificado matrimonial, certificado de defunción o de bautizo (en el caso de que estos documentos contengan datos sobre la nacionalidad croata), decisión sobre la concesión de ciudadanía croata según el artículo 16 o 11, o declaración escrita del/ de la responsable de la Misión Diplomática o consular de la República de Croacia o de la asociación de emigrantes croatas (si la pertenencia al pueblo croata se demuestra con un documento oficial del ancestro, también hay que demostrar el parentesco con

éste y presentar un certificado de nacimiento de los padres, es decir de sus padres y sus antepasados miembros del pueblo croata).
7) Certificado de finalización de la escuela secundaria o estudios universitarios.
8) Certificado matrimonial.

C) Los candidatos- amigos del pueblo croata -deberán presentar la siguiente documentación:

1) Formulario de solicitud debidamente cumplimentado y firmado por el candidato.
2) Curriculum vitae corto (explicando el motivo de la solicitud)
3) Todos los pasaportes válidos en posesión del solicitante
4) Comprobante de residencia fuera de la República de Croacia (carnet de identidad en el extranjero u otro documento correspondiente). Si el candidato ha vivido durante los dos últimos años en la República de Croacia, habrá de presentar la prueba de su residencia permanente o temporal en la República de Croacia (documento expedido por el Ministerio de Interior de la República de Croacia)
5) Partida de nacimiento
6) Documento apropiado que certifique el aprecio por la identidad croata y promueva su unidad cultural (declaración escrita o carta de recomendación del/ de la responsable de la Misión diplomática o consular de la República de Croacia, de la asociación de emigrantes croatas, certificado de pertenencia a organizaciones croatas, etc.)
7) Certificado de finalización de la escuela secundaria o estudios universitarios.

La documentación recibida no se devolverá al remitente.

4.) PRESENTACIÓN DE SOLICITUDES

Por fax: **(+385 1) 6444 688**

O por e-mail: **croaticum@hrvatiizvanrh.hr**

El plazo para la presentación de solicitudes a la convocatoria pública acaba **el 10 junio de 2014**. Aquellas solicitudes incompletas, incorrectas y presentadas fuera de plazo no serán consideradas.

5.) PUBLICACIÓN DE LOS RESULTADOS

La Resolución sobre los candidatos que hayan obtenido las becas se publicará en la página web de la Oficina estatal: www.hrvatiizvanrh.hr

Los solicitantes que no obtengan beca tienen derecho a reclamar. Las reclamaciones deberán ser presentadas en la Oficina estatal en los 8 días siguientes a la publicación de la resolución. Las reclamaciones se resolverán dentro de los 30 días posteriores a la terminación del plazo de reclamaciones.

Se puede obtener información adicional en el siguiente teléfono: (+385 1) 6444 683.

6.) REGULACIÓN DE ESTANCIA TEMPORAL EN LA REPÚBLICA DE CROACIA

Los/las candidatos/as seleccionados/ que no tienen la ciudadanía croata (extranjeros) tienen la obligación de formalizar su estancia temporal en la República de Croacia: http://www.mup.hr/main.aspx?id=47#4

Para todas las informaciones relacionadas con la estancia temporal en la República de Croacia los/las candidatos/as tendrán que consultar la Misión Diplomática o consular de la República de Croacia.

Clase: 016-04/14-03/05
Número de registro: 537-02-03-14-04
En Zagreb, a 7 de mayo de 2014

Adjunto: Formulario de solicitud

Contrato

La Oficina Estatal de los croatas fuera de la República de Croacia, Trg hrvatskih velikana 66, 10000 Zagreb, representado por su Jefe la Sra. Daría Krstičević (en lo sucesivo : Oficina Central)

y

Nombre completo ____________________ , ____________________ nombre de los padres , domicilio / residencia en la República de Croacia ____________________ (en adelante, los usuarios / honorarios / becas) , concluyeron

ACUERDO
Sobre la adjudicación de honorarios / becas para aprender croata

Artículo 1
De conformidad con la Decisión relativa a la asignación de honorarios / becas para aprender el idioma croata (CLASE: ________ , Reg: ________) Comisiones de usuario / honorarios / becas adquiridas / tenga derecho a reembolso / beca para aprender el idioma croata en el ámbito académico 2014/ 15 de __________ semestre, de la Universidad de ____________ .

Artículo 2
En base a los honorarios/becas aprobados la Oficina Estatal de usuario / honorarios / becas para aprender el idioma croata :

• cubrir los costos de la lengua croata (pagados por el organizador del curso)
• cubrir los costos de las comidas subvencionadas a 2 comidas al día (pagables por el Ministerio de Ciencia, Educación y Deportes)
• pagar los gastos de alojamiento (residencia de estudiantes o privada) en la cantidad de 300 Kunas por mes
• pagar 100 Kunas por mes para las necesidades personales .

Artículo 3
Durante el curso el beneficiario de los honorarios/beca se compromete a asistir a las clases con regularidad y al final del semestre presentar a la Oficina Estatal despues de confirmar con la Facultad de Filosofía de la finalización con éxito del curso.

Artículo 4
El usuarion de los honorarios/ becas perderá la cuota / beca para aprender el idioma croata y tiene la obligación de devolver el costo global a la Oficina Estatal que figuran en el art. 2 del presente Acuerdo si:

- Se descubre que para ser elegibles para la beca hizo/postulo a la beca en base a información falsa o incompleta
- Asiste de manera irregular o no cumple con las obligaciones de los participantes en el curso
- Interrumpe intencionalmente la asistencia regular , y no notifica este hecho a la oficina por escrito en los cinco días y presenta una explicación.
- Hace un acuerdo de becas con cualquier otra persona en la República de Croacia.

Artículo 5
Todos los conflictos posibles que surjan de este Acuerdo, las partes contratantes las solucionaran en forma amistosa . En caso de litigio , el caso sera llevado al Tribunal Municipal competente en Zagreb.

El presente Acuerdo se redacta en tres ejemplares, de los cuales retiene dos el Departamento de Estado, y los beneficiarios de los honorarios/becas para aprender Croata una copia.

CLASE:
reg:
En Zagreb ________ de 2014 .

Beneficiario de los honorarios/ becas de la Oficina Estatal:

____

(Firma con Nombre y Apellido)

- si se determina que la beca se obtuvo sobre la base de datos inexactos o incompletos
- -si el/la beneficiario/a beneficiario asiste de manera irregular a las clases o no cumple con las obligaciones del curso
- si el beneficiario decide voluntariamente dejar de asistir a las clases sin avisar a la Oficina estatal por escrito en el plazo de cinco días.
- si obtiene otra beca en la República de Croacia con otro sujeto diferente.

Artículo 5

Las cuestiones litigiosas que se susciten en la ejecución del Contrato se resolverán de mutuo acuerdo entre las partes y, en su defecto, se someterán a la jurisdicción del juzgado municipal de Zagreb.

Este contrato está elaborado en tres ejemplares de los cuales dos los recibirá la Oficina estatal y un ejemplar el beneficiario de la beca para el aprendizaje de la lengua croata.

Clase:
Número de registro:
En Zagreb, a ___________ de ________

BENEFICIARIO DE LA BECA: **LA OFICINA ESTATAL:**

....

(Nombre y apellido)   Daria Krstičević, la Directora

email confirmación convocatoria pública beca

Poštovani,

Estimados

slijedom Odluke Državnog ureda za Hrvate izvan Republike Hrvatske o

la siguiente decisión de la Oficina Estatal de los croatas fuera de la República de Croacia sobre

dodjeli naknada/stipednija za učenje hrvatskoga jezika (objavljenoj na službenim stranicama Državnoga ureda za Hrvate izvan Republike Hrvatske www.hrvatiizvanrh.hr) zadovoljstvo nam je izvijestiti da je Vaša prijava odobrena.

entrega de subsidios/ becas para el aprendizaje de la lengua croata (publicado en el sitio web oficial de la Oficina Estatal de los croatas fuera de la República de Croacia www.hrvatiizvanrh.hr) tienen el placer de informarle que su solicitud es aprobada.

Budući da smo u mogućnosti svim budućim polaznicima tečaja u Zagrebu, Splitu i Rijeci ponuditi smještaj u studentskom domu, molimo Vas da nam žurno, a najkasnije do petka, 28. kolovoza 2015., potvrdite sljedeće:

Puesto que estamos en la posibilidad de ofrecer a los futuros participantes del curso en Zagreb, Split y Rijeka alojamiento en una residencia de estudiantes, por favor urgentemente, y a más tardar hasta el Viernes 28 de agosto 2015, confirme lo siguiente:

1)   sudjelovanje na tečaju sukladno priloženoj Odluci

   Participación en el curso según decisión adjunto

2)   želite li smještaj u studentskom domu

   Desea alojamiento en la residencia de estudiantes

3)   adresu boravka u Republici Hrvatskoj ukoliko Vam nije potreban smještaj u studentskom domu

   Dirección de permanencia en la República de Croacia en caso de que no necesite alojamiento en la residencia de estudiantes

Državni ured za Hrvate izvan Republike Hrvatske

Oficina estatal para los croatas fuera de la República de Croacia

Služba za provedbu natječaja i praćenje projekata

Servicios para actuación de licitación y seguimiento de proyectos

Ley de las relaciones de la República de Croacia con los Croatas fuera de la República

LEY DE LAS RELACIONES DE LA REPÚBLICA DE CROACIA CON LOS CROATAS FUERA DE LA REPÚBLICA DE CROACIA

I. DISPOSICIONES GENERALES

Artículo 1.

Con esta Ley se definen las relaciones de la República de Croacia con los croatas fuera de la República de Croacia. Se establecen la Oficina Estatal y el Consejo de Gobierno para los croatas fuera de la República de Croacia. Se introduce el Estatus de croatas sin ciudadanía croata. Se organizan las relaciones entre órganos que desarrollan actividades relacionadas con los croatas fuera de la República de Croacia, protección de derechos e intereses de croatas fuera de la República de Croacia y fortalecimiento de sus comunidades. Se organiza el modo de cooperación con croatas fuera de la República de Croacia. Se prescriben medidas y actividades relacionadas con el regreso de emigrantes y la inmigración, y otros temas de importancia para los croatas fuera de la República de Croacia.

Artículo 2.

A efectos de esta Ley, los croatas fuera de la República de Croacia son:
- miembros soberanos y constituyentes del pueblo croata en Bosnia y Herzegovina (en adelante: croatas en Bosnia y Herzegovina),
- miembros de la minoría croata en países europeos (en adelante: la minoría croata),
- inmigrantes croatas en los países de ultramar y países europeos y sus descendientes (en adelante: diáspora croata/ diáspora).

Artículo 3.

Esta Ley se aplica a los croatas fuera de la República de Croacia:
- con ciudadanía croata,
- con el "Estatus croata, sin ciudadanía croata" (en adelante: el Estatus) y
- sin la ciudadanía croata y sin el Estatus.

Artículo 4.

Los croatas fuera de la República de Croacia forman parte indivisible del pueblo croata.

Artículo 5.

Con el fin de promover las relaciones con la República de Croacia siguiendo la Constitución croata y la Estrategia sobre las relaciones con los croatas fuera de la República de Croacia (en adelante: la Estrategia), la República de Croacia basa su relación en la mutua cooperación, la asistencia y el fortalecimiento de sus comunidades, tomando en consideración todo tipo de particularidades y necesidades varias de las comunidades croatas fuera de la República de Croacia.

Artículo 6.

La atención a los croatas fuera de la República de Croacia forma parte integral de la política interna y externa de la República de Croacia.

La República de Croacia se ocupará de la ejecución de todos los tratados bilaterales y multilaterales y otros instrumentos internacionales que protegen los intereses, los derechos y la posición de los croatas fuera de la República de Croacia.

La República de Croacia intercederá para el reconocimiento y la promoción de la posición de la minoría croata en aquellos países donde viven.

La República de Croacia intercederá para que el pueblo croata de Bosnia y Herzegovina sea tratado igualitariamente y según la Constitución.

La República de Croacia usará su propia legislación y adoptará medidas y acciones para fortalecer la posición de los croatas fuera de la República de Croacia en el territorio croata.

Artículo 7.

La República de Croacia se ocupará de preservar y fortalecer la posición e identidad de los croatas fuera de la República de Croacia a través del aprendizaje de la lengua croata, la cultura, la educación, la ciencia, la política económica, de salud, la política social y el deporte.

La República de Croacia adoptará medidas para estimular el retorno de los emigrantes croatas y la inmigración de sus descendientes a la República de Croacia.

Los croatas fuera de la República de Croacia ejercen todos los derechos y obligaciones regulados por las leyes especiales del dominio de la educación escolar y superior, el empleo, los concursos y becas, la seguridad social y demás.

Los ministros competentes adoptan reglamentos para ejercer los derechos del párrafo 3 de este artículo.

Artículo 8.

La República de Croacia facilitará la inclusión de los croatas fuera de la República de Croacia en la vida social y política de la República de Croacia.

Artículo 9.

La República de Croacia vinculará a todos los croatas, tanto en la República de Croacia, así como los que están fuera de la República de Croacia, para organizar la comunidad cultural croata como un conjunto de actividades culturales, educativas, científicas, informativas, económicas, deportivas y otras actividades sociales esenciales para la preservación y fortalecimiento de la identidad croata y la prosperidad.

Artículo 10.

El Parlamento croata, a propuesta del Gobierno de la República de Croacia, adopta la decisión sobre la proclamación del "Día de los croatas fuera de la República de Croacia".

Artículo 11.

El Gobierno de la República de Croacia otorga reconocimientos especiales a individuos destacados, organizaciones e instituciones, por su contribución excepcional al fortalecimiento de las relaciones y la cooperación entre la República de Croacia y los croatas fuera de la República de Croacia.

El Gobierno de la República de Croacia determinará los criterios detallados para la concesión de honores, títulos y proponentes de reconocimientos.

II. TITULAR DE RELACIONES Y COPERACION
La Oficina de Estado de los croatas fuera de la República de Croacia

Artículo 12.

Se establece la Oficina de Estado de los croatas fuera de la República de Croacia (en adelante: la Oficina) como un órgano central del gobierno encargado de la relación entre la República de Croacia y los croatas fuera de la República de Croacia.

Artículo 13.

Funciones de la Oficina:
- coordinación y supervisión de las actividades entre los ministerios, órganos de gobierno y otros titulares de cooperación de la República de Croacia con los croatas fuera de la República de Croacia,
- supervisión de la protección de los derechos e intereses de los croatas fuera de la República de Croacia,
- supervisión de la preservación y fortalecimiento de la identidad de los croatas fuera de la República de Croacia,
- establecer, mantener y promover los vínculos con los croatas fuera de la República de Croacia,
- fortalecimiento de la colaboración con los croatas fuera de la República de Croacia y desarrollo de la estrategia de comunicación para los croatas fuera de la República de Croacia,
- en colaboración con otros ministerios, lleva a cabo tareas relacionadas con la creación de condiciones para el retorno de los emigrantes/diáspora a la República de Croacia y su integración en la vida económica y social de la República de Croacia,
- proponer una política de fomento y ayudar el retorno y la inmigración,
- aplicación de medidas y programas para la integración de los retornados e inmigrantes croatas,
- asistencia en inversiones empresariales,

- apoyo económico para el retorno y la supervivencia sostenible de los croatas como pueblo constituyente de Bosnia y Herzegovina, y la minoría croata en Serbia, Montenegro y la República de Kosovo,
- según la necesidad, ayuda económicamente a otras comunidades croatas,
- implementación de la Estrategia y propuesta de proyectos y planes de implementación, y supervisión de su aplicación,
- mantener un registro adecuado de los croatas fuera de la República de Croacia,
- planificación y obtención de fondos para los programas y proyectos de los croatas fuera de la República de Croacia y
- otras actividades reguladas por una ley especial.

Artículo 14.

La Oficina será dirigida por el Jefe de la Oficina, asumiendo el cargo de viceministro designado por el Gobierno de la República de Croacia sobre la propuesta del Primer Ministro, y quien es responsable ante el Presidente de Gobierno y Gobierno.
El Jefe de la Oficina tiene un subdirector.
La Oficina nombrará asesores de un estatus especial para los asuntos de los croatas en Bosnia y Herzegovina, minorías croatas y emigración croata/ diáspora.
El Gobierno de la República de Croacia prescribirá en detalle la estructura interna y otros asuntos de importancia para el funcionamiento de la Oficina.

Artículo 15.

La Oficina preparará un informe anual sobre la aplicación de la Estrategia y la Ley sobre las relaciones de la República de Croacia con los croatas fuera de la República de Croacia, que se presentará al Parlamento croata.

Otros titulares de las relaciones y la cooperación
Artículo 16.

Otros titulares de las relaciones y la cooperación son:
- El Consejo de Gobierno de la República de Croacia para croatas fuera de la República de Croacia,
- Los Ministerios de Asuntos exteriores, Asuntos internos, Ciencia, Educación, Deportes, Cultura, Economía, Negocios, Trabajo y pensiones, Sanidad, Bienestar social, Turismo, Desarrollo regional y de Finanzas,
- El Comité parlamentario para los croatas fuera de la República de Croacia,
- La Fundación para la Emigración Croata y
- Otros organismos e instituciones que, dentro de su ámbito de trabajo, desempeñan actividades relacionadas con los croatas fuera de la República de Croacia o que su actividad podría ser de interés para los croatas fuera de la República de Croacia.

Consejo de Gobierno de la República de Croacia para los croatas fuera de la República de Croacia
Artículo 17.

El Gobierno de la República de Croacia establece el Consejo para croatas fuera de la República de Croacia (en adelante: el Consejo).
El Consejo es un órgano consultivo del Gobierno de la República de Croacia, que presta asistencia al Gobierno de la República de Croacia en el diseño e implementación de políticas, programas y actividades relacionadas con los croatas fuera de la República de Croacia.

Artículo 18.

El Consejo se compone de miembros representantes de los croatas fuera de la República de Croacia y de miembros por razón de su cargo.
Los miembros del Consejo de los croatas fuera de la República de Croacia son representantes de las asociaciones, organizaciones e instituciones de croatas fuera de la República de Croacia, gente respetada en la comunidad donde viven, dedicada a la preservación y fortalecimiento de la identidad croata y de sus comunidades, y a la mejora de las relaciones con la República de Croacia.
Los miembros del Consejo por razón de su cargo son representantes de organismos e instituciones estatales, de la Iglesia Católica, y de las organizaciones de la sociedad civil.

Artículo 19.

Los representantes de las comunidades de croatas fuera de la República de Croacia en el Consejo, serán propuestos por las asociaciones más importantes y más numerosas, organizaciones, instituciones u otras formas de organización, por un período de cuatro años. (Ejemplo: desde el Congreso Mundial Croata, y otros).

La presencia de los croatas fuera de la República de Croacia en el Consejo, se determinará de acuerdo con el número y la importancia de los croatas del país en cuestión, las actividades y la relación de la comunidad con la República de Croacia, y el trabajo realizado para el reconocimiento de los intereses de los croatas, de la siguiente manera:

- nueve miembros representan a croatas de Bosnia y Herzegovina, uno de los cuales es representante de la Iglesia Católica de Bosnia y Herzegovina,
- diecisiete miembros representantes de las minorías croatas,
- veintinueve miembros, representantes de la emigración croata/ diáspora.

Artículo 20.

Número de miembros representantes de la minoría croata del Consejo, por países:
- tres de Serbia
- dos de cada uno de estos países: Austria, Hungría y Eslovenia,
- uno de cada uno de estos países: Bulgaria, Montenegro, República Checa, Italia, Kosovo, Macedonia, Rumania y Eslovaquia.

Artículo 21.

Número de representantes de la emigración croata/ diáspora en el Consejo por país:
- cinco de Estados Unidos,
- tres de cada uno de estos países: Australia, Canadá y República Federal de Alemania,
- dos de cada uno de estos países: Argentina y Chile,
- uno de cada uno de estos países: Austria, Brasil, Francia, Italia, Sudáfrica, Nueva Zelanda, Suecia, Suiza y Reino Unido,
- uno en total, de Bélgica, Dinamarca, Luxemburgo, Países Bajos o Noruega,
- uno en total, de Bolivia, Ecuador, Paraguay, Perú, Uruguay o Venezuela.

Artículo 22.

Los miembros del Consejo por razón de su cargo son:
- Jefe de la Oficina y su subdirector,
- Los viceministros de Ministerios de Asuntos exteriores, Asuntos internos, Ciencia, Educación, Deportes, Cultura, Economía, Negocios, Trabajo y pensiones, Sanidad, Bienestar social, Turismo, Desarrollo regional y de Finanzas,
- Miembros del Parlamento que representan a los croatas fuera de la República de Croacia,
- Director de la Fundación para la Emigración Croata,
- Representantes de la comunidad universitaria,
- Director de la Oficina Nacional de Estadística,
- Representante de la Radio Televisión Croata,
- Representante de la Academia Croata de Ciencias y Artes,
- Representante de la Iglesia Católica (Director de la congregación en el extranjero),
- Representante de la Biblioteca Nacional y Universitaria,
- Representante de las instituciones científicas que se ocupan de los asuntos de croatas fuera de la República de Croacia,
- Representantes de la Cámara de Comercio y Oficios
- Representante de la Asociación de los Empleadores de Croacia,
- Representante de las organizaciones no gubernamentales, que en sus actividades promueven el desarrollo de las relaciones con los croatas fuera de la República de Croacia (ejemplo: asociación "Prsten" y otros).

Artículo 23.

A los miembros del Consejo, los representantes de los croatas fuera de la República de Croacia, los nombra el Gobierno de la República de Croacia a propuesta de las comunidades croatas de los países de los que proceden.

Artículo 24.

El Consejo a su reunión, puede invitar hasta a los más altos funcionarios del Gobierno de la República de Croacia, ministros y otras personas de importancia para el funcionamiento del Consejo.

Artículo 25.

El Presidente del Consejo será elegido a propuesta de los croatas fuera de la República de Croacia y de uno de sus representantes

La elección del Presidente y otros temas de importancia para la organización y el funcionamiento del Consejo, se determinará por el Reglamento de Procedimientos del Consejo.

Artículo 26.

El Consejo presentará un informe al Gobierno de la República de Croacia de posición y conclusiones tomadas.

Artículo 27.

La primera sesión del Consejo será convocada por el Jefe de la Oficina.

La primera sesión será presidida por el miembro de mayor edad del Consejo.

En la primera reunión, los miembros del Consejo elegirán un Presidente y cuatro vicepresidentes que serán representantes de los croatas en Bosnia y Herzegovina, de la minoría croata, de los emigrantes croatas/ diáspora de países europeos y de los emigrantes croatas/ diáspora de los países de ultramar.

En la primera sesión, el Consejo establecerá el Reglamento de Procedimiento con una mayoría de dos tercios de los miembros votantes.

Los miembros del Consejo participarán en el funcionamiento del Consejo, sin derecho a voto.

Artículo 28.

El Consejo se reúne en la República de Croacia por lo menos una vez al año.

El Consejo regularmente discute sobre la implementación de la Estrategia y la Ley de las relaciones de la República de Croacia con los croatas fuera de la República de Croacia, y otros asuntos de interés para los croatas fuera de la República de Croacia.

Artículo 29.

La Oficina se hace cargo del apoyo administrativo y técnico para el Consejo.

Los ministerios con competencias responsables

Artículo 30.

Los ministerios competentes que tienen atribuidas funciones relacionadas con los croatas fuera de la República de Croacia, tienen la obligación de realizar estas en coordinación con la Oficina.

El Ministerio responsable de las relaciones exteriores, en colaboración con la Oficina, se preocupa por el estatus de los croatas fuera de la República de Croacia, y establece, mantiene y promueve los vínculos, en todas sus formas, en los estados donde viven.

El Comité de los croatas fuera de la República de Croacia

Artículo 31.

El Comité para los croatas fuera de la República de Croacia es el cuerpo central del Parlamento Croata que se ocupa de los croatas fuera de la República de Croacia, y coopera con la Oficina y el Consejo con el fin de realizar los objetivos de esta Ley y Estrategia.

El Comité de croatas fuera de la República de Croacia, según la necesidad, invita a sus sesiones al Jefe de la Oficina.

La Fundación para la Emigración Croata

Artículo 32.

La Fundación para la Emigración Croata se centra en la conservación y desarrollo de la identidad nacional, lingüística y cultural croata, de los croatas fuera de la República de Croacia.

La Fundación, su estatuto y sus actividades se regulan por la Ley de la Fundación para la Emigración Croata.

El creador de la Fundación para la Emigración Croata, es la República de Croacia.

Los derechos fundadores, en nombre de la República de Croacia, los ejerce la Oficina.

El estatuto de la Fundación para la Emigración Croata, se establece con el consentimiento del Gobierno de la República de Croacia.

III. PROTECCIÓN DE LOS DERECHOS E INTERESES DE LOS CROATAS FUERA DE LA REPÚBLICA DE CROACIA Y FORTALECIMIENTO DE SUS COMUNIDADES

Conservación de la lengua, cultura e identidad croata
Artículo 33.

La República de Croacia facilita a los croatas fuera de la República de Croacia los cursos iniciales gratuitos de aprendizaje de idioma croata en la República de Croacia, de conformidad con el reglamento establecido por el Jefe de la Oficina.

La Oficina facilita la asistencia a las clases de croata para la minoría croata y la emigración/ diáspora, ejecuta los programas de aprendizaje de idioma y cultura croata, y apoya los programas que sean de interés.

La oficina facilitará el uso de la educación a distancia (*e-learning*), así como los libros de la República de Croacia para el aprendizaje de croata como segunda lengua en las comunidades de los croatas fuera de la República de Croacia.

La República de Croacia estimula la creación de lectorados de lengua y literatura croata en las instituciones extranjeras de enseñanza superior, así como la creación de los departamentos de la lengua croata en universidades extranjeras, en las zonas donde viven croatas.

La República de Croacia proporciona fondos para las becas, para los estudiantes en sus comunidades locales y en la República de Croacia, con el fin de mejorar el conocimiento y potencial intelectual de los croatas en el extranjero, de acuerdo con el reglamento establecido por el Jefe de la Oficina.

Informar y vincular
Artículo 34.

La Oficina informará a los croatas fuera de la República de Croacia a través de las tecnologías de Internet, las publicaciones apropiadas, la comunicación directa, y proporcionará la información necesaria a los medios de comunicación en la República de Croacia y a los medios de comunicación de los croatas fuera de la República de Croacia.

Para el funcionamiento eficaz de las tareas de información de los croatas fuera de la República de Croacia, la Oficina establece la red administrativa y de la comunicación entre los órganos estatales, la Fundación para la Emigración Croata y otras instituciones en la República de Croacia, incluyendo las oficinas diplomáticas y consulares de la República de Croacia.

La Radio Televisión Croata, como institución pública, siguiendo sus obligaciones legales, formula un plan y programa de trabajo para la radio, la televisión y el servicio público de la radiodifusión para los croatas fuera de la República de Croacia y coordina de la programación y la pone a su disposición.

Informar a los croatas fuera de la República de Croacia y la promoción de la República de Croacia en el mundo, es de interés público y por tanto la Radio Televisión Croata emitirá y producirá el programa multimedia con el contenido multilingüe, que se regulará por el acuerdo entre el Gobierno de la República de Croacia y la Radio Televisión Croata.

Artículo 35.

La República de Croacia fomenta las actividades económicas de los croatas en los países vecinos con el objetivo de la preservación, supervivencia y desarrollo de sus comunidades.

La obtención de la ciudadanía croata
Artículo 36.

De acuerdo con la Ley de ciudadanía croata, se acelerará la obtención de la ciudadanía croata para los croatas fuera de la República de Croacia.

El estatus de los croatas sin ciudadanía croata
Artículo 37.

Se implementa el Estatus del croata sin ciudadanía croata, que pueden obtener los croatas fuera de la República de Croacia sin ciudadanía croata, los cónyuges que no tienen ascendencia croata, sus hijos (biológicos o adoptados) y los amigos del pueblo croata y la República de Croacia que fomentan la identidad croata y promueven la unidad cultural croata.

El reconocimiento del Estatus del croata sin ciudadanía croata no presupone la afiliación al pueblo croata en el procedimiento de la obtención de la ciudadanía croata.

Artículo 38.

Las solicitudes para obtener el Estatus del croata sin ciudadanía croata se presentarán a la Oficina a través de los órganos de representación diplomática y consular de la República de Croacia.

La Oficina responderá a las solicitudes con las resoluciones. El recurso de apelación contra la resolución puede ser presentado dentro de los 15 días desde la recepción de la resolución.

Sobre los recursos decidirá la Comisión compuesta de tres miembros designados por el Gobierno de la República de Croacia.

Artículo 39.

Los miembros del pueblo croata, sus cónyuges e hijos, adjuntarán a la solicitud la evidencia de pertenencia al pueblo croata.

Los extranjeros, amigos del pueblo croata y de la República de Croacia, adjuntarán a la solicitud la documentación adecuada que confirma su compromiso de fomentar la identidad cultural croata y promover la unidad cultural croata (recomendaciones de asociaciones e instituciones de comunidades croatas, certificados de pertenencia a las organizaciones croatas, etc.).

Artículo 40.

El Estatus del croata sin ciudadanía croata cesa con la obtención de la ciudadanía croata, por renuncia y privación.

El Estatus del croata sin ciudadanía croata cesa por privación si uno perjudica con su conducta a la reputación de la República de Croacia y las comunidades croatas.

Artículo 41.

Las personas a las que está aprobado el Estatus del croata sin ciudadanía croata en el sentido de esta Ley, no se considerarán extranjeros en la obtención de beneficios en el ámbito de la educación, el empleo, concursos y becas, seguro médico etc., que se regirá por leyes especiales.

Los ministros competentes adoptarán reglamentos para el ejercicio de los derechos en virtud del párrafo 1. de este artículo.

Los beneficios para los croatas sin ciudadanía croata y sin el Estatus

Artículo 42.

La República de Croacia, según la Ley de extranjería, permite a los miembros del pueblo croata sin la ciudadanía croata ni el Estatus, un procedimiento acelerado para la adquisición de la residencia temporal, permisos de trabajo y de negocio y otros beneficios según las leyes especiales.

Los beneficios durante la estancia en la República de Croacia

Artículo 43.

Se presenta la "Tarjeta de Croacia" (*Croatia Card*) con la que las instituciones y empresas interesadas permitirán a los croatas fuera de la República de Croacia el acceso más favorable a ciertos servicios, condiciones más favorables de viajes turísticos, estancia organizada y participaciones en eventos culturales.

El jefe de la Oficina adoptará un reglamento que regulará más detalladamente las áreas de los beneficios y el método de emisión de la "Tarjeta de Croacia".

La inclusión en la vida social y política de la República de Croacia

Artículo 44.

La República de Croacia asegura la inclusión de los croatas fuera de la República de Croacia en la vida social y política de la República de Croacia a través de su representación en el Parlamento croata y el Consejo de Gobierno de la República Croacia para los croatas fuera de la República de Croacia.

Artículo 45.

En la implementación de la política exterior la República de Croacia se encarga de que las representaciones diplomáticas y consulares trabajen en la realización de los objetivos previstos por la presente Ley.

A través del ministerio responsable de asuntos exteriores, la Oficina está relacionada con las representaciones diplomáticas y consulares de la República de Croacia, con el fin de llevar a cabo las tareas dentro de su jurisdicción.

IV. EL DESAROLLO DE COOPERACIÓN CON LOS CROATAS FUERA DE LA REPÚBLICA DE CROACIA

Artículo 46.
La República de Croacia está cooperando con todas las formas de organización de los croatas en el mundo (asociaciones, organizaciones, instituciones, centros culturales, misiones católicas croatas, etc.) y proporciona apoyo con el objetivo de la preservación de la identidad croata, es decir de la promoción de la lengua, cultura y tradiciones croatas y también desarrolla la cooperación cultural, educativa, científica, económica, deportiva y otras.

La cooperación cultural
Artículo 47.
La República de Croacia, con el fin de lograr la unidad cultural croata, estimula:
- la vinculación de las organizaciones e instituciones culturales de la República de Croacia con las organizaciones e instituciones de los croatas fuera de la República de Croacia y también la vinculación de las mismas entre sí,
- el intercambio de la creatividad cultural y el patrimonio croata de las comunidades locales de los croatas fuera de la República de Croacia con la República de Croacia,
- el establecimiento de institutos/centros de cultura croatas en los países con comunidades croatas.

La cooperación educativa y científica
Artículo 48.
La República de Croacia vincula sus instituciones educativas y científicas e individuos con las asociaciones, instituciones e individuos croatas fuera de la República de Croacia, con el fin de realizar la cooperación mutua y la unión del potencial croata profesional, científico y técnico del país y del mundo.

La investigación científica sobre los croatas fuera de la República de Croacia
Artículo 49.
La República de Croacia estimulará la investigación sistemática y el estudio del problema de los croatas en Bosnia y Herzegovina, las minorías croatas y croatas emigrantes/ diáspora.
El Gobierno de la República de Croacia establecerá un centro de documentación y museo de los croatas fuera de la República de Croacia.

La cooperación deportiva
Artículo 50.
La República de Croacia estimula y proporciona ayuda en organizar competiciones deportivas y reuniones de los croatas fuera de la República de Croacia, en la República de Croacia y en sus comunidades y también su promoción en los medios de comunicación.
La República de Croacia seguirá a los talentosos y excepcionales deportistas jóvenes croatas fuera de la República de Croacia y alentará su participación en los clubes croatas y las selecciones nacionales.

Artículo 51.
Con el fin de supervisar la cooperación con los croatas fuera de la República de Croacia, la Oficina recopila los datos y lleva registros sobre:
- las escuelas y universidades que enseñan la lengua y cultura croata,
- los científicos e investigadores de ascendencia croata,
- los expertos de diversas profesiones de ascendencia croata,
- los grupos de presión de los intereses croatas,
- los políticos y los representantes parlamentarios de ascendencia croata,
- las asociaciones y clubes deportivos, los prominentes funcionarios deportivos y deportistas de origen croata.

La cooperación económica
Artículo 52.
La República de Croacia fomenta la vinculación de los empresarios croatas fuera de la República de Croacia y sus asociaciones con empresarios y organizaciones en la República de Croacia, mejora los vínculos comerciales con croatas fuera de la República de Croacia y alienta la inversión en fabricación y turismo en la República de Croacia.
Con el fin de adquirir nuevos mercados y promover la exportación de productos y servicios croatas, la República de Croacia estimula la cooperación con empresarios de origen croata en el mundo.
La República de Croacia, en cooperación con los empresarios de origen croata, diseña e implementa proyectos de desarrollo en las áreas de especial interés estatal, en las zonas menos desarrolladas y otras áreas de interés económico.
La República de Croacia, en cooperación con empresarios de la República de Croacia y empresarios de ascendencia croata, en las zonas del párrafo 3 de este artículo estimula los proyectos de desarrollo que incluyen programas de empleo para los retornados e inmigrantes.
La financiación de proyectos del párrafo 4 de este artículo se llevará a cabo por el Banco Croata de la Reconstrucción y el Desarrollo (en adelante, BCRD) y otros bancos comerciales con la garantía de la Agencia Croata para las Pequeñas Empresas (en adelante: ACPE) y los fondos de garantía de la República de Croacia.
El Gobierno de la República de Croacia, a propuesta de la Oficina, determinará la suma total de los fondos reservados (cuota) dentro de los fondos de BCRD y las cuotas de los fondos de garantía de ACPE y los fondos de garantía de la República de Croacia para la realización de proyectos de desarrollo del párrafo 4. de este artículo.

Artículo 53.
La República de Croacia, como una forma de cooperación económica con los croatas en Bosnia y Herzegovina, en los países vecinos y otros, estimula la cooperación transfronteriza y regional a través de sus propios proyectos y ayuda en los concursos para solicitar los fondos de la Unión Europea.

Artículo 54.
El Gobierno de la República de Croacia regulará la financiación de programas de micro-financiación de las explotaciones familiares y la artesanía, y establecerá un fondo que asegurará los préstamos a las pequeñas y medianas empresas de los retornados e inmigrantes a la República de Croacia.
Según la normativa vigente y en cooperación con las autoridades competentes, las asociaciones y las empresas de los croatas en Bosnia y Herzegovina, se asegurará la financiación en los programas de micro-financiación para las explotaciones agrícolas familiares y artesanías, además de un fondo de garantía para asegurar los préstamos a las pequeñas y medianas empresas, para proyectos de desarrollo en Bosnia y Herzegovina.
El apartado 2 del presente artículo se aplicará también a las comunidades minoritarias indigentes.

Artículo 55.
Con el fin de supervisar el estado de las relaciones económicas y las inversiones de los croatas fuera de la República de Croacia en la República de Croacia, en cooperación con las autoridades croatas la Oficina llevará siguientes registros:
- de los empresarios croatas en el mundo y empresarios croatas repatriados e inmigrantes (Libreta de direcciones),
- de las inversiones de los croatas fuera de la República de Croacia,
- de las inversiones de los retornados e inmigrantes croatas,
- de las remesas de los croatas fuera de la República de Croacia,
- de la balanza de comercio exterior con los países de residencia de los croatas fuera de la República de Croacia,
- de los operadores económicos en la República de Croacia, cuyos dueños o fundadores son croatas fuera de la República de Croacia, como los retornados o inversores externos.
Las autoridades competentes de la República de Croacia están obligadas a proporcionar a la Oficina la información de registros del párrafo 1 de este artículo, respetando las regulaciones de la Ley de Protección de Datos de Carácter Personal.

V. ESTIMULACIÓN DEL RETORNO DE EMIGRANTES CROATAS Y SUS DESCENDIENTES A LA REPÚBLICA DE CROACIA Y APOYO A LOS GRUPOS ESPECIALMENTE VULNERABLES FUERA DE LA REPÚBLICA DE CROACIA
Artículo 56.
La República de Croacia permite el retorno de los emigrantes croatas e inmigración de sus descendientes.

Artículo 57.
Con el fin de facilitar el proceso de integración a la sociedad croata, dentro de la Oficina se establecerá una "oficina de bienvenida", en la que los retornados e inmigrantes, así como todos los croatas interesados fuera de la República de Croacia, puedan recibir la información necesaria y asistencia en cuestiones jurídicas y de otro tipo, que también incluye la ayuda del mentor/asesor en los primeros pasos de la integración en la sociedad croata.
La "oficina de bienvenida" proporcionará información sobre los beneficios aduaneros para la importación de muebles e inventario en el proceso de retorno e inmigración a la República de Croacia y sobre las desgravaciones fiscales para los repatriados croatas/inmigrantes y personas jurídicas y físicas, en su residencia y entrada en la relación laboral en República de Croacia.
Las tareas de los párrafos 1 y 2 de este artículo se llevarán a cabo también por las oficinas gubernamentales a nivel del condado.

Artículo 58.
La Oficina preparará un programa especial para recibir y aceptar a los croatas de la diáspora que tienen la intención de regresar e inmigrar.

El apoyo a los grupos especialmente vulnerables
Artículo 59.
La República de Croacia seguirá, a través de las misiones diplomáticas y consulares, el estado de las comunidades y personas croatas vulnerables en los países en los que viven, y los ayudará y protegerá, incluyendo la posibilidad de volver / inmigrar a la República de Croacia e integrarse en la sociedad croata.

Atraer a los alumnos y estudiantes
Artículo 60.
La República de Croacia asegura la realización de los programas de aprendizaje de la lengua croata en la República de Croacia, beca a los alumnos y estudiantes de origen croata que estudian o asisten a clases en instituciones de educación superior en la República de Croacia y asegura su alojamiento en residencias estudiantiles y dormitorios universitarios.
Con el fin de facilitar el proceso de inscripción se alienta a las instituciones de educación superior en la República de Croacia a que establezcan las cuotas de matriculación para los croatas fuera de la República de Croacia.
Los derechos a la cuota escolar, alojamiento y alimentación de los estudiantes y alumnos croatas fuera de la República de Croacia se igualan con los derechos de los alumnos y estudiantes de la República de Croacia.
Se estimula a las instituciones educativas y científicas croatas a diseñar e implementar proyectos de intercambio de estudiantes y alumnos croatas de la República de Croacia y fuera de la República de Croacia.

Artículo 61.
Con el fin de mejorar el conocimiento sobre la República de Croacia se estimula la organización de la llegada de jóvenes de ascendencia croata a la República de Croacia, la implementación de las escuelas de verano / invierno de idioma croata, los diferentes programas culturales y educativos y de la práctica profesional y trabajo temporal para los alumnos y estudiantes.

Atraer a los científicos
Artículo 62.
El Gobierno de la República de Croacia, a través de los órganos competentes, desarrollará los programas de financiación de proyectos científicos con el fin de atraer a científicos de origen croata de todo el mundo.
El Gobierno de la República de Croacia a través de los órganos competentes establecerá un programa permanente de "tutoría virtual" entre estudiantes y científicos de la República de Croacia con estudiantes, científicos y empresarios de ascendencia croata en el mundo, con el fin de transferir la experiencia y los conocimientos especiales.

El empleo de los croatas fuera de la República de Croacia
de acuerdo con las necesidades del mercado laboral
Artículo 63.
El Ministerio de Trabajo, en cooperación con la Agencia de Empleo de Croacia, lleva a cabo proyectos de empleo de los croatas fuera de la República de Croacia, de acuerdo con las necesidades y capacidades de la República de Croacia.

A fin del párrafo 1. del presente artículo, la Agencia de Empleo de Croacia asegura acceso a los archivos estructurados sobre las necesidades del mercádo laboral en la República de Croacia y la Oficina, a través de sus representaciones diplomáticas y consulares, los pone a disposición de croatas fuera de la República de Croacia.

Facilitación del regreso de los pensionistas y otros
Artículo 64.
En virtud de acuerdos internacionales en materia de seguridad social y de salud, la República de Croacia crea las condiciones para facilitar el regreso de los pensionistas y otras personas a la República de Croacia.
Artículo 65.
La Oficina recopila y lleva registros de los repatriados e inmigrantes croatas.

VI. REGULACIONES TRANSITORIAS Y FINALES
Artículo 66.
La aplicación de esta Ley está en el ámbito de la Oficina del Estado para las relaciones con los croatas fuera de la República de Croacia, los órganos centrales de administración pública de acuerdo con la jurisdicción prescrita y las Oficinas de administración pública en los condados.

Artículo 67.
Los órganos de administración pública que dentro de su jurisdicción tienen tareas relacionadas con los croatas fuera de la República de Croacia, modificarán su estructura, función y nivel de actividades a las regulaciones previstas en la presente Ley.
Artículo 68.
El Gobierno de la República de Croacia designará el Secretario del Estado la Oficina dentro de los 15 días a la fecha de entrada en vigencia de la presente Ley.
El Gobierno de Croacia establecerá el Reglamento de la organización interna de la Oficina a más tardar en 30 días a partir de la fecha de designación del Jefe de la Oficina.
El Secretario del Estado de la Oficina establecerá el reglamento de orden interno dentro de los 15 días a la fecha de entrada en vigencia del Reglamento del apartado 2 de este artículo.

Artículo 69.
El Gobierno de la República de Croacia y el Jefe de la Oficina establecerán los reglamentos de aplicación por lo cual están autorizados por esta Ley, a no más de los 6 meses desde la fecha de entrada en vigencia de la presente Ley.
La Ley de La Fundación Croata para el Emigrante se alineará con el reglamento de esta Ley dentro de los 6 meses a la fecha de entrada en vigencia de la presente Ley.
Hasta la entrada en vigencia de la ley del apartado 2 del presente artículo, la Fundación Croata para el Emigrante opera según la Ley de La Fundación Croata para el Emigrante ("Boletín Oficial del Estado", no. 59/90.).

Artículo 70.
El Ministerio de Asuntos Exteriores y Europeos sigue llevando a cabo tareas dentro de su jurisdicción, que la Oficina toma a cargo según esta Ley, hasta la entrada en vigencia del Reglamento de la organización interna de la Oficina.
Con la entrada en vigencia del Reglamento de la organización interna de la Oficina, la Oficina toma del Ministerio de Asuntos Exteriores y Europeos los equipos, archivos y otros documentos, instrumentos de trabajo, los fondos asignados para salarios y demás derechos laborales, así como otros fondos por la parte correspondiente de las tareas asumidas según la presente Ley.
Con la entrada en vigencia del Reglamento de la organización interna de la Oficina, la Oficina actúa a través de los funcionarios y empleados del Ministerio de Asuntos Exteriores y Europeos que se desempeñan en las tareas asumidas según la presente Ley.
Los funcionarios y empleados que se desempeñan en las tareas asumidas continuarán trabajando en la Oficina y conservarán el estatus y títulos diplomáticos adquiridos.
Si es necesario, los funcionarios y empleados de la Oficina pueden ser enviados a trabajar en las representaciones diplomáticas y consulares, en tareas relacionadas con los croatas fuera de la República de Croacia y otras tareas según sus competencias, que se regularán por un acuerdo entre la Oficina y el Ministerio de Asuntos Exteriores.

Los funcionarios y empleados del apartado 3 de este artículo seguirán con su trabajo y conservarán los salarios vigentes hasta que se decrete una resolución de asignación de lugares de trabajo según el Reglamento de la organización interna de la Oficina.

Artículo 71.

La presente Ley entrará en vigencia el día de su publicación en el "Boletín Oficial del Estado".

Clase: 019-03/11-01/01
En Zagreb, el 21 de octubre de 2011

ÍNDICE